유튜브보다
재밌는
독서모임
만들기

유튜브보다 재밌는 독서모임 만들기

펴낸날 2023년 3월 30일

지은이 이푸름, 박소진, 석상현, 신영호, 이낙원, 홍석기
펴낸이 주계수 | **편집책임** 이슬기 | **꾸민이** 이승훈

펴낸곳 밥북 | **출판등록** 제 2014-000085 호
주소 서울시 마포구 양화로7길 47 상훈빌딩 2층
전화 02-6925-0370 | **팩스** 02-6925-0380
홈페이지 www.bobbook.co.kr | **이메일** bobbook@hanmail.net

© 이푸름, 박소진, 석상현, 신영호, 이낙원, 홍석기, 2023.
ISBN 979-11-5858-930-1 (03190)

유튜브보다

재밌는

독서모임

만들기

이푸름
박소진
석상현
신영호
이낙원
홍석기

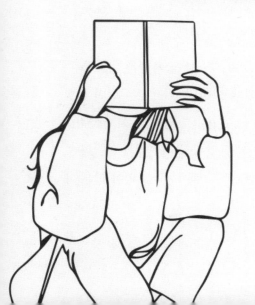

머리말

어릴 적 지하철을 탔을 때의 기억은 지금과는 사뭇 달랐다. 대부분 사람이 앉아서건 서서건 대부분 책을 읽고 있었고, 책이 아니어도 전철역 내부 신문 가판대에서 막 구입한 신문이나 주간지를 읽고 있었다. 무언가를 읽지 않고 있는 사람은 눈을 감고 고개를 끄덕이며 조는 사람들이 대부분이었다. 하지만 지금은 상황이 많이 다르다. 전철역 풍경을 바꾼 가장 큰 촉매제는 스마트폰의 등장이라고 할 수 있다. 전철을 타고 있는 사람 열 중 아홉은 스마트폰을 들여다보고 있고, 귀에는 이어폰을 끼고 있다. 포털 사이트에 올라온 뉴스를 보고 있거나 자신의 SNS를 보면서 계속해서 엄지손가락으로는 화면을 밀어 올린다. 릴스라는 동영상은 자극적이고 흥미로운 영상을 지속적으로 송출하고, AI는 접속자의 입맛에 맞는 동영상을 선별해서 전달한다. 유튜브와 넷플릭스에서는 온갖 장르의 프로그램이 셀 수 없이 많은 채

널에서 돌아가고 있으며 손가락 몇 번의 터치로 원하는 영상을 볼 수 있다. 스마트폰이 삶의 전반을 바꾸어가고 있는 게 틀림없다.

미디어를 통해 정보가 홍수처럼 범람하는 시대에서 우리는 정보에 거의 익사 당한 채로 산다. 뭘 들어야 할지, 뭘 보아야 할지 고민할 필요 없을 정도로 들을 거리와 볼 것들이 귀와 눈이 잠기도록 차고 넘친다. 게다가 유튜브는 누구나 영상의 창작자가 될 수 있게 함으로써 '쓰고 읽던' 시대에서 '찍고 보는' 시대로의 변환을 극적으로 재촉하였다. 책은 일상과 더욱 멀어지게 된 것이 요즘의 현실이다.

그러다 보니 책을 펴서 읽는 일이 어렵게 되어버렸다. 글자가 도통 눈에 들어오지 않고, 눈에 들어와도 무슨 말인지 모른다. 한 문단이 지나기 전에 딴생각에 주의가 분산되기 시작하고, 2~3장 넘어왔는데 지나간 말들을 기억하지 못한다. 책을 읽기 어렵다는 사람들의 대체적인 고백이다. 영상에 익숙해진 사람들에게 움직이지 않는 문자들은 마치 말 없이 연기하는 배우들 같다. 집중해야 하고 가만히 오랫동안 단어와 문장을 읽어 내려가야 하는데, 이런 정적인 집중을 해본 적이 없는 사람들로서는 책장 한 장 넘어가는 게 쉽지 않다. 심지어는 책을 읽다가도 행여 잠깐의 침묵과 고요를 만나면 우리는 습관적으로 주머니나 핸드백 속의 스마트폰을 꺼낸다. 독서를 하는 사람들은 현저히 줄어들었고, 직장이나 친교모임에서 책과 관련된 이야기를 꺼내면 '외계인' 또는 '분위기 깨는 친구'라는 말을 듣기 십상이다. 깊은 사색과 고양된 영혼의 작업이라는 작가의 글을 읽어 내려가기엔 장애물이 너무나 많아졌다.

그런데도 책을 놓을 수 없는 이유가 있다. 독서의 공간이야말로 나 자신을 혼자 있게 해 주는 유일한 곳이다. 독서는 언제든 '생각하기 위해' 잠시 멈출 수 있으며, 얼마든지 '생각하기 위해' 그 속도를 늦출 수도 있다. 누군가와 대화를 하거나 스마트폰을 들여다보며 성찰적 사색에 잠기기란 쉽지 않다. 고요하게 책을 읽어 나가면서 머무는 행간의 공간은 진정으로 홀로 있는 시간을 만들어준다.

타인을 이해하는 방법으로서도 영상이 독서를 따라올 수 없다. 책 속의 인물에 깊게 동화되어보고, 문장들이 만들어놓은 구체적인 현장에 빠져드는 것은 또 하나의 간접경험을 제공해 준다. 유튜브에 넘쳐나는 5분이나 10분짜리 동영상들로는 해 볼 수 없는 경험이다.

지식에서도 마찬가지다. '빅 히스토리'를 다룬 책들에서 보듯이 책은 시간상으로는 수만 년 내지는 수억 년이라는 장구한 시간의 길이를 담을 수 있다. 책 한 권에 담을 수 있는 시간이 길이는 인간의 상상의 한계와 같다. 또한, 생각의 깊이 역시 책으로만 담을 수 있다. 추상적이고 논리적인 사상가의 사상의 궤적은 영상으로 표현하기엔 너무나 어렵고, 때로 가능하더라도 돈과 기술이 많이 드는 작업이 필요하다. 오직 글만

이 깊이 있는 생각들을 따라갈 수 있다. 여러 가지 측면에서 아직 동영상이 책을 따라갈 수 없는 것은 분명하다.

그러나 독서는 동영상보다 어렵다. 읽고 이해하는 것은 훈련되어 있어야 한다. 문자를 알고 문자를 통해 타인과 세상을 이해할 줄 아는 '문해력'은 나이가 들면서 훈련해야 가능하다. 어른이라도 문자에 익숙하지 않은 사람에게 독서는 매우 낯설고 어렵다. 글을 많이 읽던 어린 시절을 지났더라도 한동안 글에 소원해졌던 사람에게도 글은 마찬가지로 낯설다. 마치 무거운 짐을 실은 리어카를 밀어 움직이는 것과 비슷하다. 바퀴가 움직이기 시작해서 속도가 붙을 때까지가 가장 힘들다. 오랫동안 제자리에 서 있던 바퀴일수록 관성을 이기고 움직이기가 더 어려운 것처럼, 오랫동안 책을 멀리하던 사람이 책을 읽기가 더 어렵다. 일단 속도만 붙으면 때로는 속도에 편승해서 쉬어갈 수도 있고, 리어카에 잠시 올라탈 수도 있다. 심지어는 내가 잠시 손을 놓더라도 리어카 바퀴는 굴러간다. 문제는 '어떻게' 멈춰선 리어카 바퀴를 굴려 정상 궤도에 올려놓을 것인가? 어떻게 독서에 친숙해질 것인가? 어떻게 문자를 읽고 해석하는 일에 속도감이 붙게 할 것인가? 이다.

백지장도 맞들면 낫다는 진리는 독서에서도 통한다. 독서에 어떻게 친숙해질 것인가? 지난 6년간의 독서모임의 경험으로 볼 때 분명하게 말할 수 있다. '독서모임'이 답이다. 함께 읽고, 서로 읽은 것을 함께 나누는 독서모임은 책을 친숙하게 만드는 유용한 방법이다.

이 책은 지난 6년간 꾸려왔던 독서모임의 기록이다. 우리 모두 책에 관심이 있었고. 어떻게 책을 재밌게 읽을 수 있을까 고민하던 사람들이 2017년 6월 저녁 인천 시내의 한 카페에 처음 모였었다. 그 이후로 독서모임은 때로는 흥하기도 하고 때로는 회원들의 참여율 저조로 존폐 위기에 서기도 했었다. 독서모임이 잘 되었을 때는 어떻게 더 재밌는 독서모임을 할 수 있을까를 고민했고, 독서모임이 여러 이유로 위기에 몰렸을 때는 어떻게 생존할까를 고민했다. 가장 위기였을 때는 역시 코로나19의 유행 기간이었다. 여러 굴곡을 거쳐 6년이라는 시간이 지났고 코로나19의 유행도 지나가고 있다. 여러 차례 시행착오를 거치면서 나름의 노하우를 발견하게 되었다고 생각한다. 그리고 그 축적된 노하우를 책에 담기로 하였다. 지나간 독서모임에 대한 우리의 노하우를 나눈다면, 어디선가 독서모임을 고민하는 사람들에게 또 독서모임을 찾는 사람에게 조금이라도 도움이 될 것으로 생각한다.

독서모임이 꾸준히 진행되어 올 수 있었던 것은 오고 나가는 수많은 사람 속에서도 꾸준히 자기 자리를 지켜온 회원들이 있었기 때문이다.

많은 분이 이곳을 거쳐 갔다. 수년간 독서모임을 하다가 떠난 분도 있고, 단 몇 개월정도 만을 참여했던 회원들도 있다. 우리는 단 몇 번 참여후 못 나왔던 분들이라도 모임을 통해 그분들이 작은 무엇을 얻어갔으리라고 생각한다. 더더욱 수개월 내지는 수년간 참여한 회원들은 훨씬더 많은 것을 독서모임을 통해 배웠다고 확신한다.

책이 발간 되기까지 노력해준 많은 분들게 감사의 인사를 전해야겠다. 얼루어 독서클럽을 처음 만들었고, 토요모임을 운영해 주시는 박성준님께 특별히 감사의 인사를 전한다. 지난 몇 년간 매주 화요일 독서모임을 위해 대관을 해 주시는 주니 카페 강한빛 사장님께 감사드린다. 독서모임을 위해 자신의 시간과 열정을 쏟아부어 주신 분들이 많다. 댓가 하나 없이 오로지 책에 대한 열정 하나로 적극적으로 참여해주신 모든 분들과 출간의 기쁨을 나누었으면 한다. 마지막으로 출간에 애써주신 밥북 출판사 주계수 대표님과 이승훈 편집자님께도 감사의 인사를 전한다.

차례

머리말   4

1. 독서모임 팁

¶   독서모임의 시작   14

¶   독서모임 운영하기   21

2. 독서모임의 예시

¶   독서모임의 예시들   44

¶   시작은 가볍게 재미있게 - 자유도서모임   48

¶   좀 더 깊이 있게 파보자 - 지정도서모임   55

¶   한 주제에 대한 다양한 접근 - 지정주제모임   64

¶ 책을 게임 하듯 즐기자 - 북 배틀, 북 디베이트   74

¶ 영화도 보고 책도 읽고 - 영화읽기모임   76

¶ 결론 - 도구 상자 활용하기   81

3. 독서모임의 양념통, 이벤트성 모임

¶ 우리들의 이야기를 나누어 봅시다   84

¶ 회원들의 능력을 살려보자   104

¶ 책을 들고 밖으로   118

¶ 일 년에 한 번은 정리하는 시간을   130

부록 및 사례 모음

¶ 지정도서모임 - 생각할 거리 모음   138

¶ 북 디베이트 / 북 배틀 사례 모음   155

¶ 영화읽기 사례 모음   172

¶ 『위대한 개츠비』 퀴즈 문제   181

맺음말   189

중요한 것은 그 모임의 운영진과 주기적으로 참석하는 사람들이 어떠한 목적을 지니고 있는지 확인하는 것이다. 이는 위에서 이야기한 '운영방식'을 살펴보면 책이 중심인지 아닌지를 어느 정도 확인할 수 있다. 하지만 실제 참석해서 겪어보는 것이 가장 정확할 것이다. 일단 약간의 용기를 내어 문을 두드려 본다면 지금까지 와는 다른 독서 세상이 펼쳐질 것이다.

1부 본문 중에서…

1

독서모임 팁

_ 독서모임의 시작

_ 독서모임 운영하기

¶ 독서모임의 시작

1. 나에게 맞는 독서모임 찾기

독서모임에 참여해보기로 마음먹었다면 일단 내가 참여할 수 있는 범위 내에 잘 운영되고 있는 독서모임을 찾아야 한다. 의외로 독서모임의 이름을 내걸고 책에 대한 이야기보다는 개인적인 사담을 하거나 이성, 영업 목적으로 운영되는 독서모임들이 더러 있다. 이러한 모임을 처음 방문하게 된다면 아마 그 실망감에 독서모임에 참여하는 것을 주저할지도 모른다. 하지만 '시작이 반'이라는 말이 있다. 일단 좋은 독서모임을 찾아 참여하게 되면, 독서에 임하는 마음가짐과 책을 접하는 속도가 평소와는 몰라보게 다르게 향상된다. 때문에, 나에게 맞는 독서모임을 찾는 것이 중요하다. 그 방법을 몇 가지 공유하려고 한다.

2. 나에게 맞는 독서모임을 찾기 위해 고려해야 할 사항들

독서모임을 찾는다면 어떻게 하는 것이 좋을까? 그냥 아무 모임이나 일단 참여하기보다는 '좋은' 독서모임에 참여하는 것이 좋지 않을까? '우리는 대체 어떻게 6년이라는 긴 시간 동안 참여할 수 있었을까?' 를 되돌아봤다. 우리가 내린 짧은 결론은 이렇다. '좋은 독서모임이란 나에게 맞는 독서모임이다.' 어떤 모임에 참여하기 위해서 각자가 중요하게 생각하는 것들이 모두 다를 것이다. 여러 가지 사항들을 모두 만족하는 곳을 찾는 사람도 있을 것이고, 중요한 한 가지가 충족된다면 다른 것들은 자신이 조금 손해를 보더라도 감수할 수 있는 사람도 있을 것이다.

여기에서 이야기하는 고려 사항들을 참고하면 아마 자신에게 맞는 독서모임을 찾는 데에 조금은 도움이 되지 않을까 한다.

● 찾는 방법

인터넷이 활성화되면서 모임을 찾을 방법들이 여러 가지 등장했다. 간단하게 네이버에서 검색만 해봐도 여러 가지 모임을 찾을 수 있다. 온라인을 통한 접근이 일상화되면서 카카오 오픈 채팅, 인스타그램, 당근마켓, 블로그(ex. 네이버, 티스토리 등), 온라인 카페(ex. 네이버), 각종 모임 관련 앱(ex. 소모임) 등 여러 가지 플랫폼이 있으니 내가 자주 사용하는 플랫폼을 사용하거나, 내가 원하는 기준에 있는 모임을 찾아서 여러 플랫폼으로 확장해나가는 것도 좋다. 좋은 독서모임, 나에게 맞는 독서모임을 찾는 것이 목적인지, 단순히 내가 편하게 사용할 수 있는 플랫폼에서 적당한 독서모임을 찾는 것인지 목적을 분명히 한다면 어떤 방식으로 접근할 것인지 답을 정할 수 있을 것이다.

● 운영방식

찾는 방법을 결정했다면 내가 찾은 독서모임이 어떻게 운영되고 있는지 확인해볼 필요가 있다. 의외로 '독서모임에서 뭐 하는 건데?'라는 의문을 가지는 사람들이 많다. 단순히 모여서 책을 읽거나, 책 내용을 공유하는 거 아니야? 라고 생각할 수 있다. 하지만 생각보다 그 방법은 다양하다. 어떤 모임은 책을 완독하고 사전에 독후감을 반드시 써서 공유해야 한다. 또한, 어떤 모임은 모여서 한 시간 정도 책을 읽고, 나머지 한 시간은 그 책에 대한 이야기를 하는 곳도 있다. 우리의 경우에는 좀 더 다양한 방법을 시도했는데 '2부 독서모임 예시'에서 자세히 설명하겠다.

● 후기

후기를 통하여 그 독서모임이 정기적으로 운영되고 있는지 그 분위기는 어떠한지 간접적으로 체감할 수 있다. 단순히 텍스트로 된 후기라면 그날 진행되었던 책, 내용, 분위기들을 조금은 엿볼 수 있을 것이고,

사진으로 된 후기라면 해당 독서모임이 열리는 장소, 회원들의 외모, 책 등을 엿볼 수 있을 것이다. 중요한 것은 꾸준히 후기가 올라오고 있느냐 하는 점이다. 다른 조건들이 마음에 들더라도 후기가 없는 모임이라면 참석을 잠시 보류해보자.

● 위치 및 거리

어떤 모임에 참여하는데 있어서 물리적인 거리는 상당히 중요하다. 기왕이면 물리적으로 거리가 가깝고 접근성이 좋은 곳이 참석하기 좋다. 실제로 우리 독서모임에도 모임 장소가 집과 가까워서, 회사와 가까워서 참석하는 사람들이 많이 있다. 주말이라면 집과 가까운 곳이 좋을 것이고, 평일 모임이라면 집과 회사 둘 다 상관없을 것이다. 하지만 만약 거리가 멀다면 아마 심리적으로 힘들거나, 육체적으로 피곤한 날에 모임에 참여하기가 꺼려질 것이다.

한가지 팁을 제시하자면, 모임 장소의 위치가 접근성이 떨어지는 곳에 있는데도 그 명맥이 오래 유지되고 참여율도 저조하지 않다면 그 모임은 어떤 특색이 있거나, 특별한 장점이 있는 모임일 가능성이 크다. 이러한 곳은 최소 한번은 방문해 보는 것도 나쁘지 않을 것이다.

● 시간

여기서 이야기하는 시간은 모임을 시작하고 끝날 때까지의 시간이다. 일반적으로 독서모임 진행 시간은 모임마다 상이하다. 우리 독서모임의 경우에는 2시간을 진행한다. 한 테이블에 4~5명이 모여서 2시간 동안 책에 관한 이야기를 하는 것이다. 이 시간 중, 내가 주도해서 책에 관하여 이야기하는 시간은 20~30분 내외가 된다. 그리고 약 2시간 가량의 책 이야기가 끝난 후에는 뒤풀이가 이어진다. 이 2시간이라는 시간이 길게 느껴질 수도 있고 짧게 느껴질 수도 있다. 하지만 만약 3시간을 진행하는 독서모임이라면? 아마 굉장히 힘들게 느껴질 수도 있다. 이러한 부분을 잘 생각해보고 판단하자.

● 비용

독서모임에 따라서 회비를 내야 하는 곳도 있고, 회비가 없는 곳도 있다. 또한, 카페 등에서 진행한다면, 회비에 커피값이 포함된 곳도 있고 별도로 지급해야하는 경우도 있다. 어떤 모임의 경우에는 1회 참석하는 회비가 3만 원을 넘는 경우도 있고, 월 단위로 회비를 결재하는 경우도 있다. 회비를 내는 곳에 따라서 그 모임의 정체성을 살짝 엿볼 수 있기도 하다. 우리 독서모임의 경우 모임의 참석이 자유롭다. 당일 참석, 당일 참석 취소도 가능하다. 경제적인 부담이 적고 모임 참여 자체가 자유로운 곳이다. 하지만 앞서 이야기한 월 단위 회비로 받는 독서모임의 경우에는 참석에 대한 부담이 있고, 비용적인 부담이 있다. 그래서 정말 독서모임에 참여할 의지가 강한 사람들이 참석한다고 볼 수 있다. 혹은 그만큼의 금액을 지불할 능력이 있는 사람들이 모인다는 것이다. 회비가 없거나 적다고 해서 반드시 좋은 모임일 수 없는 것처럼, 회비가 많다고 해서 나쁜 모임은 아니다. 서울 모처의 독서모임의 경우에는 회비가 비싸고, 모임 전 독후감을 반드시 제출해야 참석할 수 있다. 이러한 방식은 독서를 깊게 하고 다른 사람들과 깊이 있는 대화를 나누고 싶은 사람들에게 맞을 것이다. 하지만 단순히 사람들을 만나고 이야기를 나누고 싶은 사람들이라면 어울리지 않는 모임일 것이다.

● 오래 운영되고 있는 독서모임을 찾자

오래 운영되고 참석률도 꾸준한 곳을 찾으면 목적에서 크게 벗어나지 않고 안정되어 있을 가능성이 높다. 꾸준히 참석하는 회원이 있다거나, 운영진이 꾸준히 운영하고 있다는 뜻이기 때문에 어느 정도 검증되었다고 볼 수 있다.

● 운영방식을 살펴보고 마음에 들었다면 최소 한번은 부딪혀보자

위의 사항들을 고려하여 독서모임을 선정했다고 하더라도 실제 모임에서는 내가 생각했던 것과 다를 수 있다. 겉으로는 어떤 지향점을 보이는 것처럼 보이지만 실제로는 전혀 다른 목적으로 움직이고 있는 경우라고 할 수 있다. 예를 들어, 독서라는 목적을 가지고 모였지만 실제로는 다른 목적에 좀 더 치중하고 있는 모임들이 있다. 책을 제대로 읽지 않더라도 참석할 수 있고, 뒤풀이는 반드시 참석해야 한다든지. 뒤풀이 자리에서도 책에 관한 이야기보다는 개인 신상에 대한 정보를 캐묻거나, 사생활들에 접근하려고 하는 모임들은 아무래도 '독서'라는 근본적인 목적에 집중한다기보다는, 다른 목적을 위한 수단으로써 '책'을 사용하고 있을 가능성이 높다. 중요한 것은 그 모임의 운영진과 주기적으로 참석하는 사람들이 어떠한 목적을 지니고 있는지 확인하는 것이다. 이는 위에서 이야기한 '운영방식'을 살펴보면 책이 중심인지 아닌지를 어느 정도 확인할 수 있다. 하지만 실제 참석해서 겪어보는 것이 가장 정확할 것이다. 일단 약간의 용기를 내어 문을 두드려 본다면 지금까지 와는 다른 독서 세상이 펼쳐질 것이다.

¶ 독서모임 운영하기

독서모임에 참여하다 보면 마음이 맞지 않거나, 운영방식이 마음에 들지 않거나, 내가 운영하면 좀 더 잘해볼 수 있을 것 같거나 하는 등의 여러 가지 이유로 직접 독서모임을 운영하고 싶어질 수 있다. 실제로 우리 독서모임에 참여했던 회원분들 중 일부는 독서모임을 직접 운영하면서 새로운 커리어를 쌓아가는 회원들이 제법 있었다.

이번에는 성공적으로 독서모임을 만들고 운영할 수 있는 팁을 몇 가지 공유하려고 한다.

1. 사람들을 모으기 위한 방법

● '인터넷 커뮤니티' 활용하기(ex.네이버 카페. 블로그)

대규모의 모임을 원한다면 '네이버 카페', 소규모를 원한다면 '블로그'를 활용하는 것을 추천한다. 네이버 카페의 경우 커뮤니티의 성격을 띠기 때문에 운영자 이외의 사람들의 글들이 꾸준히 올라와야 카페가 성장하고 회원들에게 좋은 이미지를 줘서 참여를 독려할 수 있다. 반면에 블로그를 활용한다면 블로그를 운영하는 운영자만 글을 올리면 되기 때문에 상대적으로 그 부담이 적다. 나만 잘하면 되는 것이다. 처음부터 함께 운영할 사람이 있거나, 오랜 기간을 바라본다면 카페를 먼저 만들어보는 것도 나쁘지 않다.

● 'SNS' 활용하기 (ex. 인스타그램. 유튜브)

SNS의 경우에는 항상 대세 플랫폼을 따라가는 것이 중요하다. 몇 년 전까지는 '페이스북'이 대세 플랫폼이었다면 지금은 분명히 '인스타그램'이 대세이다. 많은 사람이 인스타 검색을 통하여 맛집을 찾고, 여러 가지를 검색한다. 최근에는 유튜브로 그 흐름이 변경되고 있다는 이야기들이 있다. 이 부분은 최신 트렌드를 쫓되 내가 할 수 있는 역량이 되는지 판단하고 시작하는 것을 추천한다.

● '카카오 오픈 채팅' 활용하기

대한민국에서 쓰지 않는 사람들이 없을 정도의 플랫폼인 카카오톡을 활용한 매체이다. 오픈 채팅에는 지역별, 성격별로 여러 가지 모임들이 있다. 익명성이 완벽하게 보장되기 때문에 가볍게 들어오고 나올 수 있고, 부담 없이 참석하기 좋기 때문에 40대 이하 연령층에서 많이 사용한다. 채팅방을 관리하기 어렵다면 위에서 만든 인터넷 커뮤니티나 SNS 계정을 연동해서 유입하는 수단으로만 사용해도 좋다.

● '애플리케이션' 활용하기(ex. 소모임. 블라인드)

소통할 수 있는 많은 것들이 있다. 그중 가장 보편적으로 사용되고 있는 것이 소모임과 블라인드 앱이다. 소모임의 경우 동호회를 목적으로 만들어졌기 때문에 그 성격이 명확하다. 나의 취미들을 카테고리에 등록해두면 알림이 오기도 하고 초대를 할 수도 있다. 지역별로 구분되어 있기 때문에 지역 모임의 성향이 강한 독서모임과 어울리는 플랫폼이라고 할 수 있다. 블라인드의 경우에는 직장인들의 대나무숲의 기능이 강하지만 심심치 않게 모임을 모집하기도 한다.

● '당근마켓' 활용하기

당근마켓은 중고 거래 플랫폼으로 유명하지만, 위에 설명한 블라인

드와 같이 대나무숲 같은 기능과 모임 모집 기능이 있다. '반짝 모임'이라는 기능을 통하여 꾸준히 사람들을 모집할 수 있다. 단, 소규모의 모임의 성격이 강하기 때문에 그 부분을 정확히 인지하자.

2. 운영자에게 필요한 것들

독서모임을 운영하기 위해서 가장 중요한 건 모임이 열리는 자리에 언제나 참석하는 '부지런함'이다. 우리는 모임의 운영진이기 이전에 사회생활을 하는 직장인이므로, 일주일에 단 한 번 있는 저녁 시간 모임을 위해서 귀한 시간을 반납한다는 건 참 어려운 일이다. 그러나 운영진은 한 주의 스케줄을 독서모임에 맞춰야 한다. 스케줄이 여의찮을 때도 있고, 마음이 동하지 않을 때도 있지만 참석해야 한다. 십 분 정도 일찍 참석해서 처음 방문한 회원에게 인사와 함께 안내하는 것도 운영진의 일이다. 따라서 '책임감'이 필요하다. 운영진에게 부지런함과 책임감은 선택이 아닌 필수 덕목이다.

매주 모임에 참석하기 위해서는 꾸준한 독서가 필요하고, 책의 내용을 이야기로 나누기 위해서 세심한 준비가 필요하다. 이런 모습은 신입 회원들에게 매우 중요하다. 처음 나온 회원들은 모임이 어떤 식으로 흘러가는지 알 수 없기 때문에 준비가 미흡한 경우가 많다. 첫인상이 독서모임을 대하는 자세를 만들 수 있으므로 운영진의 철저한 준비는 회원들에게 길잡이가 될 수 있다. 책을 끝까지 읽고 간략하게 정리한 노트나 독후감을 써서 준비하는 것도 좋다.

운영진은 보이지 않는 곳에서도 많은 역할을 담당해야 한다. 일주일에 한 번 카페와 대관하기로 계약이 되어 있는 우리 모임의 경우 계약한 카페와 친밀함을 유지하는 것도 운영자의 역할이다. 카페 담당자와 관계가 친밀해야 갑작스러운 일이 생겨도 부드럽게 일을 해결할 수 있다. 갑작스럽게 모임이 취소될 수도 있고, 카페에 여러 가지 소품을 부탁해야 할 때도 있다. 뒤풀이 다과와 음료 준비 같은 수고스러운 일도 감당해야 한다.

회원 중에는 여러 불만 사항을 운영진에게 전달하는 경우가 있다. 이런 일종의 '민원'을 원만하게 해결하는 노하우도 필요하다. 독서모임을 방해하는 에티켓으로 여러 번 지적을 받는 회원이 있다면 그 사람에게 불편하지 않게 조언해야 한다. 모임 중에 대화가 너무 딱딱하지 않게 자연스러운 분위기를 유도해야 할 때도 있다.

마지막 노하우는 '모임을 사랑하는 마음'이다. 직장의 업무가 모임에 방해가 되지 않기 위한 스케줄 조정, 꾸준한 독서, 운영진으로서 해야 할 많은 업무 등은 모임을 사랑하는 마음 하나면 해결할 수 있다. 살면서 의외로 많은 것들이 의지에 따라 결정된다. 독서모임 운영도 마찬가지다. 사랑하는 마음은 의지를 불러일으키고, 의지는 책임감을 더해 부지런함까지 생기게 해준다. 독서모임에 참석하면서 얻은 행복과 지식, 함께한 사람들을 생각한다면, 독서모임을 사랑하는 마음이 커질뿐더러 운영진으로서 겪는 수고스러움을 행복하게 감당할 수 있게 해 줄 것이다.

3. 장소선정

독서모임을 처음 시작하려고 한다면 장소를 선정하는 데 어려움이 있으리라 생각한다. 주변 카페에서 하자니 교통이 좋은 곳은 사람들이 많고 시끄러워서 조용한 모임으로 진행하기가 어렵고, 그렇다고 외진 곳으로 가자니 참여할 인원을 모집하기가 생각보다 어렵다. 회원 중에 본인이 직접 운영하는 카페나 대관 장소가 있다면 좋겠지만 그런 장소를 구하지 못할 경우에는, 최대한 대중교통이 편리하고, 사람이 적은 장소를 발로 뛰어서 찾는 수밖에 없다. 그리고 모임 인원이 어느 정도 확보된다면 우리에게 유리한 조건을 제시할 수 있을 것이다.

우리는 2020년부터는 한 카페와 일주일에 한 번 매주 화요일 카페 대관을 하는 것으로 협의가 되어 있다. 우리 경험상 카페 대관은 독서모임 수준의 질적 향상을 위해서 매우 중요한 사항이다. 좋은 조건의 대관 장소는 작고 나긋한 목소리로도 대화가 가능하고, 집중할 수 있는 분위기를 만들 수 있기 때문이다. 우리의 경우, 카페 대관료는 회원 1인당 1만 원의 회비를 걷는 것으로 협의가 되어 있다. 회원들이 적으면 카페 주인에게 손해가 될 수도 있기 때문에 적정선의 회원 수가 보장되어야 지속적인 대관이 가능하다.

4. 운영회비는 어떻게 하는 것이 좋을까?

우리 독서모임의 회비는 1만 원이다. 그리고 뒤풀이에서 발생하는 비용은 갹출하여 계산한다. 하지만 여기서 이야기한 회비는 사실상 음료 구매비와 장소 대관료이기에 실제 독서모임 운영회비로 사용할 돈은 없다. 그 때문에 이벤트 등 운영비가 예상외로 많이 지출되었거나, 뒤풀이 후 돈을 내지 않은 회원이 있을 때는 운영진의 지갑에서 사비로 비용을 부담하는 경우가 종종 발생한다. 그래서 회비를 걷자는 의견이 있었지만, 몇 년 동안 없었던 회비를 걷자는 의견은 늘 반대 의견에 부딪혀 힘을 잃었다. 회비는 늘 양날의 검이다. 회비를 걷어서 모임의 재정이 커진다면 어떠한 이벤트를 진행할 때 선택할 수 있는 범위가 넓어진다. 성실회원에게 포상하거나, 특정 이벤트를 준비한 인원에게 상품을 주거나, 작가를 초대하여 북 콘서트를 진행하거나 하는 등의 이벤트를 좀 더 수월하게 준비할 수 있을 것이다. 하지만 회비가 쌓여 재정이 커질수록 그 돈을 관리하는 문제가 발생하기도 한다. 돈으로 인하여 사람들 사이가 갈라지기도 하니까 말이다. 우리는 특별히 어떤 방향이 옳다거나 그르다거나 말하지는 않겠다. 중요한 것은 그 방식을 선택했다면 올바른 방향으로 나아갈 수 있도록 유지하는 힘을 갖춘 사람이 운영진이어야 한다는 것이다.

5. 조는 어떻게 나누는 것이 좋은가?

처음 두 명에서 시작했던 모임이 점점 회원 수가 늘어가면서 많게는 20~30명 규모의 모임으로 성장했다. 운영진은 참석한 회원들에게, 당일 함께 할 조원들을 정해주어야 했다. 조를 나누기는 쉬워보이지만 상당히 어려운 일이다. 이때는 미리 규칙을 정해야 한다.

처음엔 운영자 임의대로 조를 편성했다. 핸드폰 앱을 이용해서 참석하는 회원들의 아이디를 입력하고 랜덤으로 조를 편성했다. 초기에는 회원들이 불만 없이 규칙을 따라서 운영자가 정해주는 대로 모임에 참석했다. 그러나 함께 같은 조가 되고 싶은 사람들도 있고, 누군가가 가져오는 특정한 책이 궁금한 경우도 있다. 이런 일이 반복되자 회원들은 참여 댓글에 '이 책이 궁금합니다'라는 댓글을 적기 시작했다. 심지어는 모임 시작 전에 누군가와 함께 조를 하고 싶다며 연락이 오는 경우도 발생했다. 회원들의 자발적인 참여를 통해 조를 나누어보는 다른 방식을 고민해봤다.

그래서 시도한 두 번째 방식은 각자 가져온 책 제목을 가지고 회원들이 자발적으로 조를 편성하는 방법이다. 카페의 한쪽 벽에는 조를 나누기 위한 종이를 붙였다. 회원들은 카페에 들어오면서 자기가 원하는 조에 본인 아이디를(우리 독서모임에서는 이름이나 기타 호칭이 아닌 아이디로 이름을 대신한다) 적지 않고 가지고 온 책 제목을 적는다. 자기가 참여하고 싶은 조를 다른 사람이 적어놓은 책 제목을 보고 고르는 것이다. 이 방식은 오로지 책으로만 조가 만들어지기 때문에 같은 관심 분야를 가진 회원들을 같은 테이블에 앉게 될 것이라는 기대감이 있었다. 물론 개인적인 연락을 받게 되는 횟수도 줄어들었다. 그러나 처음의 방식보다 두 번째 방식의 문제점은 더 빠르게 나타났다. 모임 시작 전, 일찍 온 회원들이 쉽게 자신의 책 제목을 적지 않았던 것이다. 함께 하고 싶은 회원을 기다리다가 그 회원이 제목을 적으면 따라서 제목을 적는 경우도 발생했다. 심지어는 서로 눈치를 보느라 모임 시작 전에 회원 대부분이 적지 않는 경우도 발생하였다. 따라서 서둘러 다른 방법을 찾아보기로 했다.

세 번째는 첫 번째 방식과 똑같이 진행되지만 각 조에 운영진을 한 명씩 배치하고 나머지는 랜덤으로 조를 정했다. 운영진이 없는 경우 모임에 참석 횟수가 꾸준하고 모임에 애착이 있는 회원들에게 임시 운영진이 되어 달라고 부탁하기도 했다. 운영진은 한 사람의 대화가 길어지거나 혹여 책과는 전혀 상관없는 다른 주제로 넘어갈 때 대화를 조율하는 길잡이 역할을 했다. 또한, 역할 배분으로 인해 한 명의 운영자가 짊어졌던 책임감도 분산되었다. 마지막으로 운영진을 구성하는 것의 장점은 여러 가지 의견을 수렴할 수 있다는 것이다. 운영자 혼자서는 생각하지 못하는 부분을 다시 돌아볼 수 있다. 여성 회원들의 불편 사항, 첫 방문한 회원들이 느낄 수 있는 어려운 참여 방식 등, 운영자 혼자 미처 깨닫지 못하는 회원의 불만을 수용하고 고칠 수 있게 했다. 현재까지 적용했던 방법 중에는 세 번째가 가장 유용했다고 판단된다.

6. 회원 관리

회원 수를 유지하는 첫 번째 요소는 건강한 회원들이다. 독서모임은 책 이야기를 나누기 위한 모임이지만, 우리는 소위 '책 읽은 사람'을 만나게 된다. 여기에서 사람들이 불편해하지 않아야 한다. 상대방의 말에 경청할 줄 알고, 책의 이야기를 재미있고 논리적으로 풀어내는 사람이 몇 명만 있다면 모임의 참석률은 어느 정도 평균 이상으로 보장된다. 운영자로서 난처한 것은, 불필요한 일로 상처받고 이탈하는 회원들이 생길 때이다. 다양한 성향의 사람들이 모이는 공간이다 보니 불미스러운 일들은 늘 있기 마련이고, 참여가 자유로운 모임을 추구하다 보니 이탈한 회원을 다시 오게 만들기도 어렵다. 여기서 운영자로서 할 수 있는 일도 한계가 있다. 다만, 불미스런 일을 예방하기 위해 회원들에게 서로에게 필요한 매너를 상기시키곤 한다.

뒤풀이에서의 회원 관리는 조금 다르다. 뒤풀이에서는 사실 술이 아예 빠질 수는 없다. 오히려 권장되는 분위기라고 하는 것이 맞겠다. 좋은 사람들을 만났으니, 좋은 음식에 좋은 술과 함께하면 그 분위기는 배가 된다. 하지만 독서모임이지만 자신의 연애 대상을 만나러 오거나, 가벼운 마음으로 하루 즐겁게 놀려고 오는 경우의 회원들이 있다. 그런 회원들의 경우는 반드시 여자 회원들이 많이 나오는 날, 혹은 마음에 드는 이성이 나오는 날에만 독서모임에 참석한다. 그리고 그런 회원이 나오는 날에는 반드시 사건 사고가 발생하니 주의가 필요하다.

7. 모임에 참여한 회원들을 위한 에티켓

독서모임에 나오기 위해서는 책도 읽어야 하고, 스케줄 조절도 해야 하며, 낯선 공간에 발을 디디는 용기도 필요하다. 그러나 독서모임에 항상 출석하던 회원이 '안 나오는' 것은 매우 쉽게 찾아 볼 수 있다. 하던 것을 안 하고 말면 되니까. 그래서 회원들 간의 사소한 트러블만 있어도 회원 수는 뚝뚝 줄어든다. 운용의 묘는 예측할 수 있는 '불편한' 일들을 예방하는 것이다. 이것을 위해 우리는 회원들에게 필요한 에티켓을 상기시켜 주기 위해 몇 가지 필요한 사항들을 정해보았다. 독서모임에서 '환영받는 사람'과 '환영받지 못하는 사람'의 항목을 작은 종이에 앞뒤로 열거하여 코팅한 후, 독서모임을 진행하는 테이블 위에 비치해 두었다.

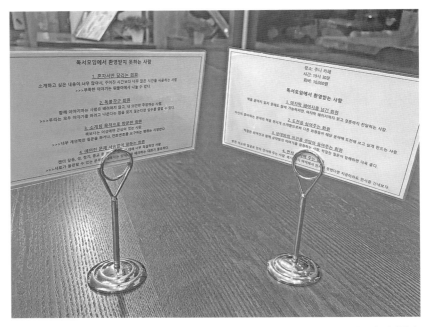

독서모임에서 환영받지 못하는 사람과 독서모임에서 환영받는 사람의 항목을 모임 테이블에 비치했다.

● 독서모임에서 환영받는 사람

마지막 페이지를 넘긴 사람

책을 통하여 얻는 감동은 예상하지 못한 곳에서 나타난다. 어느 경우에는 책의 첫 페이지에서 가슴을 뜨겁게 달구는 문장을 찾아내기도 하고, 누군가와 나누고 싶은 마음이 발동하기도 한다. 낮은 문턱의 플랫폼을 추구하는 모임에서는 읽은 페이지 양에 큰 제한을 두지 않는다.

그러나 회원들의 부담을 덜어주기로 한 의도를 악용하는 분들이 종종 있다. 들고 온 책은 온데간데없고, 자기 경험으로 시간을 채우기도 한다. 잊지 말자. 독서모임에서 가장 환영받는 사람은 책의 마지막 페이지를 확인하고 참여하는 사람이다.

새로운 분야의 도전을 심어주는 회원

새로운 책에 도전해보고 싶은 마음을 불러일으키는 회원. 이런 욕구는 반드시 책을 끝까지 읽고 정성스러운 준비를 통해서 만들어진다. 책의 소개를 성공적으로 마친 사람은 누구나 함께 대화를 나누고 싶은 인싸가 된다.

상대방의 의견을 귀담아들어 주는 회원

자신의 이야기에 귀 기울여 주지 않는 사람이 있다면 얼마나 허무할까. 나의 정성스러운 수고가 가치 있는 만큼 상대방의 수고도 가치가 있다. 경청은 모임을 위한 최소한의 배려이고 의무다.

먼저 인사해주는 회원

모임에 처음 참석한 회원의 표정은 돌처럼 딱딱하게 굳어 있다. 어떤 사람이 어떻게 맞아주는지가 모임의 첫 이미지를 만들어주며, 이것은 회원의 재방문을 결정짓는 중요한 요소가 된다. 친절한 인사와 따뜻한 안내는 돌덩이 같은 표정을 밝게 핀 해바라기처럼 만들어준다. 이런 따뜻함은 전염성이 강해서 다음 모임에서 처음 온 회원에게 다가가 똑같이 행동할 수 있도록 만들어준다.

● 독서모임에서 환영받지 못하는 사람

만물박사 스타일

간혹 두 시간을 꽉 채워서 이야기하는 회원들이 있다. 아는 게 많고, 경험이 많아서 나오는 주제마다 할 말이 떠오르고, 떠오를 때마다 한마디씩 거드는 것이다. 이런 식의 화술은 대화의 흐름을 끊는 경우가 다반사다. 말을 절제하고, 할 말이 있더라도 기다리다가 대화의 흐름에 맞추어서 말할 줄 하는 것은 화술이기도 하지만 에티켓이기도 하다.

독불장군 스타일

본인의 생각만 옳다고 주장하며 상대방의 의견을 존중하지 않는 경우다. 마음에 걸리는 이야기를 들을 때, 곧바로 반박하거나, 표정이 일그러지는 분들이 있다. 발표하는 사람과 생각이 다를 때는 상대방의 발표가 끝난 후에 조심스럽게 자신의 의견을 이야기하면 된다. '1권의 책을 100명이 읽을 때, 100가지 이상의 생각이 존재한다'는 말이 있다. 비평은 가능하다. 그러나 다름을 인정하지 않는 비평은 비난보다 못한 행위이다.

독서모임 소개팅

사람이 모이는 곳에서 사랑이 싹트는 것은 절대로 막을 수 없다. 책을 통해서 대화를 나누다 보면 나와 생각이 맞는 이성에게 관심이 가는 것이 당연하다. 그러나 오로지 이성을 만나는 것에만 목적을 두고 독서모임을 참여하는 분들이 있다. 이런 분에게 권고하고 싶다. 책을 통해서 인연을 만들어가는 공간에서 책만큼 강한 무기는 없다. 책은 열심히 읽자.

예민한 문제 서슴없이 말하기

젠더, 정치, 종교 등의 이야기를 해서는 안 된다는 말이 아니다. 불편할 수 있는 이야기는 양해를 구하고 상대방의 기분이 나쁘지 않게 적절한 어휘를 사용해서 이야기해야 한다는 말이다. 예민한 주제의 책은 반드시 더 철저한 준비를 한 후에 모임에 참여하기를 권고한다. 독서모임에서 다양한 책과 대화의 주제가 풍부해지는 것만큼 즐거운 일은 없지만, 배려가 상실된 모임의 미래는 반드시 어두울 수밖에 없다.

8. 이벤트 관련 팁

책에 소개한 여러 가지 이벤트들은 우리가 직접 시도해본 것들이다. 이벤트가 실패한 경우는 거의 없는 것 같다. 준비만 되면 회원들은 무엇이든 즐길 준비가 되어 있는 듯하다. 이벤트를 원만하게 진행하기 위한 몇 가지 노하우를 적어보겠다.

● 마이크와 스피커를 이용하는 것이 좋다

목소리가 잘 안 들릴 경우 모임은 계획대로 진행되지 못한다. 참여 인원이 15명이 넘어가면 그 차이는 피부로 느껴질 만큼 크다. 보여줄 것들이 있는 경우, 빔 프로젝터나 미니 빔을 사용하는 것이 좋다. 많은 사람의 시선을 한 곳으로 집중시키는 효과도 있다.

● 날짜·시간 선정

최소 2개월 이전에 운영진과 회원들이 모여 일정을 협의한다. 송년회 모임의 경우 연말이 가까워질수록 약속이 있는 경우가 많다. 그래서 일반적으로 12월 초에 송년회 일정을 잡는 편이다. 하지만 각자 주어진 시간이 서로 다르기 때문에 사전에 부담 없을 법한 날짜들을 이야기하여 확정하고, 이후에 공지를 올려 선점하는 것이 좋다. 공지는 최소 1개월 전에는 올려서 회원들이 시간을 비워놓을 수 있도록 한다. 북 콘서트의 메인이 될 작가님의 시간 조율과 함께 회원들의 참석 가능한 날짜도 중요하다. 기껏 북 콘서트를 열었는데 참석회원이 너무 적어도 서로 민망한 상황이 발생할 수 있기 때문이다.

● 파티 음식 준비

자체적으로 음식을 준비해야 하는 경우는 경험이 있는 회원의 도움이 필요하다. 우리 모임의 경우, 평소 트렌드에 민감하고, 맛있는 음식들을 준비하는데 노하우가 있는 회원이 늘 음식 준비를 담당해 주었다. 여기에 SNS를 활용하는 데에 능숙하고, 이런 이벤트를 준비하는 데에 크게 거부감이 없는 회원이면 더욱 좋다. 물론 발품을 팔고, 개인의 시간을 쏟아야 하므로, 자발적으로 이런 이벤트를 준비해주는 사람을 찾기란 쉽지 않다. 최소 1~2개월 전부터 모임 장소 인근의 파티 음식을 준비해주는 곳을 검색 및 수소문하고, 참석하는 회원들의 회비가 적정선 이상을 넘지 않도록 조율한다. 그리고 파티 음식의 경우, 가능하면 개인적으로 들고 먹을 수 있게 포장된 것이 좋고, 한입에 넣어 먹을 수 있는 음식이라면 더욱 좋겠다. 술과 음료는 술을 마시지 못하는 회원들까지 고려하여 넉넉하게 준비한다. 모임 중간에 술이 부족해 사러 나가는 불상사는 없어야 한다. 특히, 주종이 와인이라면 더욱 그렇다. 주변에 편의점이나 대형 마트가 있는 것이 아니라면 넉넉하게 준비하고, 음료의 경우 통상 참석한 회원의 1/4 정도가 마실 정도로 준비하는 것이 좋다.

9. 코로나 19 유행 중에 우리는 어떻게 독서모임을 유지했나?

독서모임이 유야무야 흩어질 뻔한 위기의 순간이었던 코로나 시기의 독서모임에 관하여 이야기를 나눠볼까 한다. 2019년 11월 29일 중국 후베이성 우한시에서 정체불명의 폐렴으로 추정되는 감염병이 처음 발생했다. 회사에서 점심시간에 관련 내용을 뉴스로 접한 우리는 크게 경각심을 갖지는 않았다. 그냥 그런 일이 발생했다 정도로 생각했다. 하지만 2019년 12월 중국 언론에서 감염병에 대하여 언급하고 12월 말에는 WHO에서 우한시의 폐렴을 경고하면서 무언가 잘못되어 가고 있음을 느꼈다. 그 이후부터는 여러분도 아시다시피 중국에서는 봉쇄 조치를 취하기도 하고 전 세계가 국가 간의 교류를 거부하는 사태가 발생했다. 대한민국도 예외는 아니었다. 2020년 1월 대한민국에서 첫 확진자가 발생하였고, 시간이 지날수록 방역조치의 하나로 일정 인원 이상이 모일 수 없도록 국가에서 통제하기 시작했다. 이는 우리 독서모임 운영에 있어서 치명적이었다. 이런 오프라인 모임의 특성상 한번 소원해진 관계는 회복하기 어려운 편이니까 말이다. 2020년 11월까지는 모임을 열었다가 취소했다를 반복했다. 코로나로 인한 심리적인 부담감으로 참여율 자체도 저조해지기 시작했다. 평소의 1/3 인원 정도로 줄어들었다. 그리고 2020년 12월 송년회를 준비하던 우리는 국가적 통제에 부딪혀 2021년 4월 독서모임이 재개되기 전까지 약 6개월 정도를 강제 휴식기에 들어갔다. 코로나의 잠재적인 위협이 지속되고 있는 상황에서 우리는 국가의 방역 지침을 준수하되 독서모임을 개최할 방법을 강구했다.

2021년 4월부터는 임시모임을 열어서 참여할 의사가 있는 회원들을 확인했다. 생각보다 많이 있다는 것을 확인한 후에는 게릴라 방식을 택하여 독서모임을 진행했다. 한 곳에 여러 명이 모여서 이야기하는 것을 방지하기 위하여 테이블 단위로 인원을 배정하여 독서모임을 진행했다. 처음부터 접촉을 최소화하고 시작부터 끝까지 최대 4명까지만 이야기를 할 수 있게 하였다. 뒤풀이 또한 없었다. 각자의 선택에 맡겨두어 소규모로 희망자들만 뒤풀이를 진행했다. 2021년 6월부터 백신을 맞기 시작하였고 국가에서 지정한 거리 두기 방역 지침에 따라서 독서모임은 유동적으로 변경되었다. 참여 인원을 제한하거나, 백신을 맞은 회원만 참석할 수 있게 하기도 하였다. 그 과정에서 서운해하는 회원들도 있었고, 불만을 가지는 회원들도 있었다. 하지만 독서모임을 운영하고 유지하기 위해서는 어쩔 수 없는 선택이었다. 어쩌면 독서모임의 존폐가 걸린 일이라는 생각도 들었기 때문에 우리는 조심스러웠다. 자칫 독서모임을 통해 감염병이 확산하였다는 소식이 들려온다면 회원들에게도 운영진에게도 치명적 부담이 될 것이었다.

실제 우리는 6개월 정도의 휴식기를 가진 것치고는 빠르게 이전의 모임을 회복해 나갔다. 중간중간 거리 두기가 강화되면서 독서모임 모집 자체가 어려울 때도 있었지만 우리는 어떻게든 방법을 강구했다. 만약 우리가 중단했다면 어땠을까. 다시 시작하는 데는 훨씬 더 많은 시간과 노력이 필요하지 않았을까 싶다.

많은 분이 사회적 거리 두기로 모임을 중단하다 몇 년 만에 모임에 참석했다. 그런 분들은 한결같이 '돌아올 곳이 있어서 너무 다행'이라는 말을 했다. 이런 말은 맘고생 하며 독서모임을 지켜온 운영진에게 너무나 감사한 말이다.

독서모임에 나오기 위해서는 책도 읽어야 하고, 스케줄 조절도 해야 하며, 낯선 공간에 발을 디디는 용기도 필요하다. 그러나 독서모임에 항상 출석하던 회원이 '안 나오는' 것은 매우 쉽게 찾아 볼 수 있다. 하던 것을 안 하고 말면 되니까. 그래서 회원들 간의 사소한 트러블만 있어도 회원 수는 뚝뚝 줄어든다. 운용의 묘는 예측할 수 있는 '불편한' 일들을 예방하는 것이다.

– 본문 내용 중에서

접근성과 지속가능성이 가장 좋은 자유도서모임을 모임의 뼈대로 하면서 자유도서모임의 단점을 보완하는 다른 형태의 모임을 수시로 갖는 것이다. 회원들이 다양한 형태의 모임이 있음을 알고 있다면, 때때로 회원들의 요구에 따라 모임 형태를 취할 수도 있을 것이다.

2장 본문 중에서…

2

독서모임의 예시

_ 독서모임의 예시들

_ 시작은 가볍게 재미있게 – 자유도서모임

_ 좀 더 깊이 파보자 – 지정도서모임

_ 주제에 대한 다양한 접근 – 지정주제모임

_ 책을 게임하듯 즐기자 – 북 배틀, 북 디베이트

_ 영화도 보고 책도 읽고 – 영화읽기모임

_ 결론 – 도구 상자 활용하기

¶ 독서모임의 예시들

우리 '얼루어 독서클럽'은 매주 화요일 저녁 모임을 했다. 참여 의사가 있는 사람은 인터넷 카페에 가입 후 모임 공지 글에 참여하겠다는 댓글을 남기면 된다. 공지 글에는 모임의 시간과 장소가 제시된다. 댓글의 예시는 아래와 같다.

댓글. 1 (일련번호) / 아이디 / 책 제목

지속해 참여해야 한다는 의무 사항이 없다. 참여 의사가 없다고 해서 또 다른 의사 표현을 해야 할 필요가 없고, 불이익도 없다. 독서모임의 회원이 된다는 것은 언제든지 원할 때 나올 수 있는 자격이 주어진다는 것이다. 언제든지 원할 때 참여 가능하다는 것이 우리 모임의 장점이지만, 반면에 잠시 참여하고 활동을 중단하는 회원들도 많다는 것이 단점이다. 그래서 매주 모이는 회원 수가 다르다.

장점을 살리면서도 지속해서 모임을 운영하기 위해서는 카페에 올리는 공지를 볼 수 있는 회원 수가 어느 정도 이상은 되어야 한다. 현재 우리 카페 회원이 수천 명이지만 활동하는 회원은 50명 안팎이고, 모임에 참여하는 인원은 평균적으로 적게는 10명, 많게는 20여 명이었다. 간혹 이벤트성 행사를 할 때는 30명 이상 나오는 경우도 있었다.

인터넷 카페에 댓글을 달고 모임 장소에 나오면, 운영진은 4~5명을 한 조로 묶어 자리를 안내한다. 한 테이블에 앉은 회원들은 책에 대한 소개와 함께 자신의 감상을 이야기한다. 총 2시간 동안 모임이 진행되므로 한 사람당 주어진 시간이 20~30분 정도 된다. 테이블의 모든 사람이 같은 방식으로 돌아가고 나면, 2시간이 빠듯하다.

일반적으로 독서모임은 지정된 열 명 안팎의 회원들로 구성되어 있고, 책의 완독과 참여는 의무 사항에 속한다. 출석이 불규칙한 회원들은 탈퇴시키는 등의 불이익을 주기도 한다. 출석이 의무화된 모임은 출석이 자유로운 모임에 비해 회원들 간의 결속력이 있고, 깊이 읽기도 가능할 것이다. 그러나 '의무'라는 부담감을 독서모임에서마저 굳이 가질 필요가 있을까? 라는 것이 우리의 생각이다. 읽고 싶을 때 읽고, 나누고 싶을 때 언제든지 찾을 수 있는 곳이 주는 편안함이 우리 독서모임의 장점이 아닐까 싶다.

지난 6년간 우리는 여러 형태의 독서모임과 다양한 이벤트를 시험해 봤다. 모임의 방식은 책을 선정하는 방식과 토론을 진행하는 방식에 따라 나뉜다. 회원들 각자가 자신이 원하는 책을 가져오는 '자유도서모임', 지정된 책을 가지고 참여하는 '지정도서모임', 지정된 주제와 관련된 책들을 가지고 오는 '지정주제모임'이 있다. 그리고 대립하는 견해가 담긴 책 두 권을 선정하여 토론을 진행하는 북 배틀, 영화로 만들어진 원작을 읽고 모이는 '영화읽기모임'도 있다. 우리는 '자유도서모임'을 기본으로 하고 있으며 필요시 또는 회원들의 요구에 따라 지정도서모임이나 지정주제모임을 진행했다. 이벤트성 행사로서 북 배틀(북 디베이트)과 낭독회를 진행했었고, 1년에 한두 번 정도는 그림이나 사진 또는 책과 음악을 함께 발표하는 시간을 갖기도 했다. 구체적인 계획 없이 즉흥적인 아이디어에 의해 시작되었던 경험들이었지만, 다양한 독서모임 형태를 적절하게 선택하여 이용했다는 것이 모임의 활기를 되찾는 데 큰 도움이 되었다. 돌아보면 적지 않은 시기를 독서모임을 통해 성장하는 시간이기도 했다.

　다양한 독서모임 형태를 소개하고 장단점을 정리해보는 것이 독서모임을 시도하는 독자들에게도 도움이 되리라 생각한다. 우리는 독서모임의 툴박스 안에 담긴 다섯 가지 형태의 모임을 서로 비교해 보았다. 네 가지의 질문에 대한 답을 * 로 표시해 보았다. 별이 많을수록 질문에 대한 강한 긍정이다. 별 하나는 '조금 그렇다' 별 다섯 개는 '아주 그렇다'로 생각하면 된다. 각 항목에 관한 별의 개수는 다른 모임과의 상대적 비교를 하면서 정하였다.

모임 형태	접근성	깊이 읽기	준비 난이도	지속 가능성
자유도서모임	*****	*	*	*****
지정도서모임	***	****	***	***
지정주제모임	***	***	****	**
북 배틀 / 북 디베이트	**	*****	*****	*
영화읽기모임	***	****	***	**

▲ 독서모임의 툴박스

접근성: 회원들이 참여하고 싶을 때 부담 없이 올 수 있는가?

깊이 읽기: 모임을 통해 책의 내용에 깊이 있게 접근할 수 있는가?

준비 난이도: 모임을 준비할 때 어려움이 있는가?

지속가능성: 특정 형태의 모임을 지속적으로 유지할 수 있는가?

¶ 시작은 가볍게 재미있게 - 자유도서모임

접근성 ★★★★★ / 깊이 읽기 ★ / 준비 난이도 ★ / 지속가능성 ★★★★★

독서모임의 기본 옵션이다. 모임의 시간과 장소를 알리는 인터넷 카페 공지 글에 댓글로 참석 여부를 밝히고 참여하게 된다. 댓글에는 자신이 가지고 오게 될 '책 이름'을 함께 적는다. 책의 선정도 자유고, 참여 여부도 자유다. 우리는 독서모임의 초기부터 자유도서모임으로 시작했다. 자신의 수준과 관심에 맞는 책을 가지고 참여한다는 점 때문에 가장 쉽게 참여할 수 있다는 장점이 있어서 접근성에 별 다섯 개를 부여하였다. 운영자로서도 준비할 것은 모임의 시간과 장소를 잡고 공지하는 것이 전부여서 준비 난이도는 별 하나를 부여하였다.

어떤 책이라도 1장을 읽든, 10장을 읽든 상관없다. 자기에게 주어진 시간이 30분 안팎이므로 두꺼운 책을 세세히 소개하기에는 벅차다. 때에 따라서는 책에 나오는 인물 한 명 또는 사건 하나와 느낌을 이야기하는 데만 30분 이상의 시간이 소요되기도 한다. 책을 통해서 대화를 나누고 싶은 주제가 마구 떠오르는 사람, 책을 끝까지 읽었지만 어떻게 이야기를 풀어나가야 하는 방법을 몰라서 발표 준비가 덜 된 회원도 쉽게 참여해서 대화를 나눌 수 있다.

"책을 재미있게 읽었지만, 대화를 나눌 상대가 없어요"라는 말은 참여하는 회원들이 가장 많이 하는 말이다. 대화의 갈증은 얼굴을 마주하고 이야기를 시작하면 금세 해소된다. 각진 책을 들고나오지만, 분위기는 둥글둥글 자유롭다. 각자의 책은 모두 다르고 이어진 생각들은 끝이 없다. 자유도서모임은 매주 모이는 사람들이 바뀔 수 있으니, 매주 새로운 책과 새로운 얼굴을 마주하게 된다. 다채로운 색깔의 사람들을 매주 모임에서 만난다는 것 자체가 색다른 경험이다.

댓글로 참석 여부와 책의 제목을 적는 방식은 모임이 시작되기 전, 참석하는 회원들이 서로가 어떤 책을 가지고 오는지 알 수 있는 장점이 있다. 만약 누군가가 평소 관심 있던 책을 가지고 와서 간략한 설명을 해줄 때는, 주말 오전에 텔레비전에서 하는 영화 소개 프로그램보다 더 큰 즐거움을 준다.

자유도서모임은 내가 읽지 못했던 책을 접할 수 있다는 장점이 있다. 평소 편독이 심한 사람이라면 꼭 자유 모임을 추천한다. 상대방의 책 소개에 흥미를 느껴 그 책을 읽어 보게 된다면 한가지의 길로만 나아가던 독서의 방향이 여러 갈래의 길을 만들 수 있을 것이다. 분명한 건 한 가지 분야의 책을 읽는 것보다 여러 분야의 책을 읽는 것이 생각의 깊이에서 차이를 보일 것이며 다양한 분야에 관점의 폭이 넓어질 것이다.

포털 사이트에 독서모임이라는 키워드를 입력하고 검색해 본 사람이라면 책을 통해 느껴지는 감정과 생각을 나누고 싶은 갈증이 있는 사람이다. 그러나 막상 새로운 장소에서 낯선 사람들과 얼굴을 마주하기까지는 적지 않은 용기가 필요하다. 내 순서에 말문이 막히지는 않을까? 걱정도 크다. 그러나 기존 회원의 발표를 지켜본 뒤 자신의 순서에서 긴장을 풀고 자연스럽게 생각과 느낀 감정을 말해본다면 발표 중에 긴장된 마음은 풀릴 것이다. 회원 대부분은 참여 첫날 걱정과 갈증이 해소되고 가슴이 뻥 뚫리는 경험을 한다고 고백한다.

그러나 단점도 존재한다. 첫 번째는 관심 밖의 책에 관한 이야기를 듣게 될 수 있다는 것이다. 편독하는 분들에게 평소에 안 보던 책 내용을 듣다 보면 이해하기 어렵거나 흥미가 생기지 않아서 지루할 때가 있다. 그러나 책을 읽고 누군가에게 해줄 이야기를 만드는 수고스러움을 아는 사람이라면 상대방의 이야기를 끈기 있게 들어주는 것은 당연한 도리다.

두 번째 단점은 '깊이 읽기'가 어렵다는 것이다. 6개월 이상 모임을 꾸준히 하다 보면 많은 책을 읽고, 수십 권의 새로운 책 이야기를 듣게 된다. 그러나 지적했다시피 자유 독서 하나의 책으로 나눌 수 있는 시간이 짧아 책으로 깊이 있게 들어가기 어렵다. 회원들도 시간의 한계 때문에 분량이 많은 책을 가져오지 않는 경향이 생긴다. '깊이 읽기'가 어렵다는 한계는 오랜 기간 모임을 지속하지 못하게 하는 가장 중요한 이유가 된다. 참여를 유도했던 장점은 시간이 지나면서 오히려 지속적인 참여를 방해하는 단점이 되어버리는 것이다. 지정도서모임과 지정주제모임은 이런 단점을 보완하기 위한 모임이다.

세 번째 단점은 완독하지 않아도 참여할 수 있다는 장점 때문에 생긴다. 준비가 덜 된 상태로 참여하는 경우가 생기는데, 이런 회원들의 발제 시간은 책과 상관없는 이야기를 많이 하게 되어 집중력이 떨어지기 쉽다. 사실, 다른 목적이 있는 분들도 있다. '책'이 아니라 '사람'을 만나러 오는 것인데, 이런 분들이 많아지면 독서모임의 취지가 퇴색할 수 있다. 그래서 자유도서모임의 만족도는 같은 테이블에 앉게 되는 사람이 누구냐에 따라 달라질 수 있다. 만족도를 가르는 '사람'의 성향과 태도에 대해서는 뒤에서 소개하겠다.

다음 목록은 지난 5년간 자유도서모임에서 다루었던 책들 목록이다. 회원들이 가지고 온 책의 빈도수로 1위부터 30위까지 순위를 매겨 보았다.

순위	책 목록	분류	횟수
1	아몬드	소설	8
2	대성당	소설	7
3	이방인	소설	5
4	군주론	사회정치	5
5	자존감 수업	자기계발	5
6	데미안	소설	5
7	라틴어 수업	인문	5
8	어떻게 살 것인가	인문	4
9	소년이 온다	소설	4
10	82년생 김지영	소설	4
11	사랑의 생애	소설	4
12	죽고 싶지만 떡볶이는 먹고 싶어	에세이	4
13	지적 대화를 위한 넓고 얕은 지식	인문	4
14	선량한 차별주의자	사회정치	4
15	바깥은 여름	소설	4
16	눈먼 자들의 도시	소설	4
17	담론	인문	3
18	도시는 무엇으로 사는가	인문	3
19	피로사회	사회정치	3
20	연금술사	소설	3
21	자기 앞의 생	소설	3
22	경애의 마음	소설	3
23	우리의 불행은 당연하지 않습니다	사회정치	3
24	너무 한낮의 연애	소설	3
25	호밀밭의 파수꾼	소설	3
26	페스트	소설	3
27	언어의 온도	에세이	3
28	철학은 어떻게 삶의 무기가 되는가	인문	3
29	미드나잇 라이브러리	소설	3
30	사서함 110호의 우편물	소설	3

〈 5년간 자유도서모임에서 다룬 책 카테고리별 건수 〉

카테고리	건수
경제/경영	21
과학	52
문학(소설, 시)	319
에세이	124
사회정치	45
예술	37
요리	2
인문학	147
자기계발	31
총	778

　　회원들이 가져온 책들의 목록을 정리하면서 알게 된 것은 같은 책을 가지고 온 횟수가 별로 없다는 것이다. 총 778종류의 책들이 있었고, 그중에서 290권은 단 한 번 선택된 책이었고, 185권은 두 번 선택된 책들이었다. 3번 이상 선택된 책들이 30권에 속한다. 선정된 책들 대부분이 소설(319건)이나 인문사회 영역의 책들(147건)이었고, 예술이나 과학영역의 책들이 선택된 경우는 37건과 52건으로 비교적 적었다.

자유도서모임의 책들을 분석하기 시작하면서 가졌던 우리의 예상은 자기 계발 서적이나 힐링 담론의 책들이 많이 팔리는 시장의 경향성이 그대로 모임에서도 적용되지 않았을까 하는 우려였다. 그러나 분석 결과는 예상과는 달랐다. 회원들은 매우 다양한 서적들을 가지고 왔고, 책들이 속한 분야도 다양했다. 서점의 평대 위에서 발견하는 베스트셀러만을 가져오지는 않았다. 다양한 책들을 접하는 것이 자유도서모임의 장점이 되었음을 알게 되었다.

¶ 좀 더 깊이 있게 파보자 – 지정도서모임

접근성 ★★★ / 깊이 읽기 ★★★★ / 준비 난이도 ★★★ / 지속가능성 ★★★

회원들의 요구에 의해 자연스럽게 자유도서모임의 보완제로서 지정 도서모임과 지정주제모임이 시작되었다. 우리는 자유 모임 콘셉트는 그대로 진행하되, 테이블 하나 정도는 같은 책을 지정해서 읽고 모이는 방식을 취하였다. 아래와 같이 댓글을 달아 참여 의사를 밝히도록 했다.

1. 아이디 / 지정도서
2. 아이디 / 자유도서 / 책 제목

지정도서모임은 정해놓은 책을 읽고 모여서 감상을 나누는 방식이다. 독서모임에서 가장 흔히 채택하는 방식인데, 아마도 독서모임의 장점을 최대한 살릴 수 있는 모임이라서 그럴 것이다. 자유도서모임에 비하면 깊이 있는 책 읽기가 가능하다. 또한, 같은 책을 두고 서로 다른 느낌을 주고받기 때문에 책 이해에 도움이 되고, 상이한 견해들이 충돌하면서 토론이 진행되기도 한다. 무엇보다도 선정된 책을 읽어야 한다는 의무감에 평소에는 버거워서 넘기지 못했던 책장을 넘겨 완독하게 된다. 우리 모임의 경우 대개 발제 없이 진행했지만, 책이 난해하거나 분량이 많은 책은 발제하기도 했다. 우리는 지정도서모임의 '깊이 읽기'에 별 네 개를 부여하였다. '깊이 읽기' 측면에서는 북 배틀 다음으로 높은 점수다.

한 가지 지정도서모임의 한계를 지적한다면, 선정된 책에 관심 없는 회원들은 참여가 어렵다는 점이다. 그래서 책을 편식하는 사람들은 지정도서 참여를 안 하게 된다. 또 하나는 선정 도서 대부분이 문학에 치우친다는 점이다. 많은 사람이 읽어야 한다는 사실 때문에 대중적인 관심 분야에 책을 선정하게 되는 것이다. 과학이나 예술 분야와 소수의 사람이 관심을 가질만한 책들은 선정하기가 어렵다. 그리고 문학 분야의 책들은 결론이 정해져 있지 않아서 토론할 거리가 생길 수 있다. 토론을 통해 생각하는 힘을 키우는 과정이 필요하다면 소설과 같은 문학책이 좋은 선택일 수 있다.

지정도서를 선정하는 과정은 생각보다 까다롭다. 모임에 참여하는 회원들의 의견을 모으기도 하고 운영진이 임의로 정하기도 했다. 회원들의 의견을 모으면 모임이 더 활성화될 것 같았지만, 꼭 그렇지는 않았다. 가장 좋은 방법은 원하는 책을 먼저 공지한 후 회원들을 모으는 것이다. 특정 시기에 맞는 책을 고르는 것도 참여를 유도하는 방법이 된다. 예를 들어 5월 18일에 5·18 광주민주화운동을 다룬 『소년이 온다』(2014)를 함께 읽자고 공지를 한 후 댓글로 참여자를 모집하는 것이다. 우리는 그날 『소년이 온다』 줌 낭독회를 진행한 적이 있고, 6·25전쟁일에 한국전쟁을 다룬 책을 선정하여 회원 중의 한 명이 발제 겸 강의를 진행한 적도 있다. 도서를 선정하는 과정에 노력과 고민이 필요하다는 점 때문에 지정도서모임의 준비 난이도는 별 세 개를 부여하였다.

지정도서모임의 일환으로 고전 읽기 모임을 진행했던 적이 있다. 한 출판사에서 나온 고전 시리즈물을 차례대로 읽었다. 회원들의 만족도는 대체로 좋았고, 토론도 활발했다. 고전 읽기 모임은 3달간 지속되다가 코로나19로 인한 사회적 거리 두기가 시작되면서 종료되긴 했지만 언제든지 원하는 사람들이 모이면 다시 시작할 수 있는 좋은 방법이라고 생각한다.

한 권의 책을 완독 후 모이기 때문에 대화가 책 속으로 깊이 있게 들어갈 수 있고 몰입할 수도 있다. 그러나 우리의 경험상 항상 그런 것은 아니었다. 각각의 해석과 느낌이 다른 데다가 때로는 한 구절 또는 한 장면에서 파생된 이야기가 꼬리를 물면서 책과 관련 없는 이야기로 많은 시간을 보내기도 한다. 책 속으로 더 들어가기 위해서 회원 중 한 명이 약간의 노력을 하면 좋겠다. 시작하기 전 책 내용을 발제하거나 책과 관련된 '생각할 거리'나, 질문을 준비해 오는 것이다. 아래 한편의 후기 및 '생각할 거리'가 좋은 예시가 될 것 같아 소개한다. 그 밖에 지정도서모임에서 생각했던 '생각할 거리'는 뒤에 부록으로 수록하였다(p. 138 참조).

『그 많던 싱아는 누가 다 먹었을까』 (1992) 후기

작년까지는 지정도서모임을 두서없이 진행했다는 반성이 들었다. 처음 오시는 분들도 부담 없이 모임에 참여할 수 있도록 어떤 것도 강요하지 않았다. 즐기러 오는 독서모임에 어떤 부담도 지게 하고 싶지 않았다. 그러다 보니 겉만 핥는 모임이 진행되는 것 같고 누군가는 그런 점이 아쉽게 느껴질지도 모르겠다는 생각이 들었다. 그래서 잠깐이나마 생각해 볼 것들을 추려 공지해 두었다. 반응이 좋지 않으면 수정하면 되니까. 커다란 틀 안에서 비교적 자유롭게 만들어 갈 수 있다는 것은 얼루어 독서모임의 장점이다. 미완성은 완성보다 잠재력이 크다.

'생각해 보자'는 뜻으로 몇 가지 거리를 공지해 두었다.

* '싱아'는 무엇을 의미하며 왜 하필 '싱아'일까? 내게 싱아와 같은 것이 있다면?

나는 불현듯 싱아 생각이 났다. 우리 시골에선 싱아도 달개비만큼이나 흔한 풀이었다. 산기슭이나 길가 아무 데나 있었다. 그 줄기에는 마디가 있고, 찔레꽃 필 무렵 줄기가 가장 살이 오르고 연했다. 발그스름한 줄기를 꺾어서 겉껍질을 길이로 벗겨 내고 속살을 먹으면 새콤달콤했다. 입안에 군침이 돌게 신맛이, 아카시아 꽃으로 상한 비위를 가라앉히는 데는 그만일 것 같았다.

나는 마치 상처 난 몸에 붙일 약초를 찾는 짐승처럼 조급하고도 간절하게 산속을 찾아 헤맸지만, 싱아는 한 포기도 없었다. 그 많던 싱아는 누가 다 먹었을까? 나는 하늘이 노래질 때까지 헛구역질을 하느라 그곳과 우리 고향 뒷동산을 헷갈리고 있었다.

– 「동무 없는 아이」 중

* '벌레'가 의미하는 것은? 카프카의 『변신』에 등장하는 '벌레'
와 비교한다면? 내게 '벌레'의 시간이 있었다면?

나는 밤마다 벌레가 됐던 시간들을 내 기억 속에서 지우려고 고개
를 미친 듯이 흔들며 몸부림쳤다. 그러다가도 문득 그들이 나를 벌레
로 기억하는데 나만 기억상실증에 걸린다면 그야말로 정말 벌레가 되
는 일이 아닐까 하는 공포감 때문에 어떡하든지 망각을 물리쳐야 한
다는 정신이 들곤 했다.

– 「찬란한 예감」 중

* 작품은 자전적임에도 불구하고 자서전이 아니라 소설로 정해
져 있습니다. 게다가 청소년권장도서로 지정된 성장소설입니
다. 우리가 알고 있는 다른 성장소설과 비교해 본다면?

예시) 『데미안』, 『호밀밭의 파수꾼』 등.

　무언가를 묻고 답하고 하는 일에 조금은 둔감한 성격상의 문제로 간
단한 질문들을 만들기도 쉽지 않았다. 질문을 던진다는 것에 어떤 반응
이 나올지 조금은 긴장되었지만, 다행히 반응이 나쁘지는 않았다. 감사
한 분들이다.

정답이 정해져 있지 않은 질문들이지만 의견이 모였다. '싱아'는 어린 시절을 떠올릴 수 있는 매개체. 하지만 지금은 책 제목 그대로 누군가 다 먹어 버린 것처럼 찾아볼 수 없는 추억이 되어버린 것이다. 자신에게 '싱아'와 같은 존재가 있냐고 묻자 캐롤 님은 어린 시절 베란다에서 키웠던 동백꽃 나무라고 답해 주셨다. 자세히 묻지는 않았지만, 붉은 동백꽃이 피어있는 나무를 생각하니 가정의 화목과 따뜻함이 연상된다.

벌레하면 카프카의 『변신』(1916)이 맨 먼저 떠올라서 작품 속 주인공의 벌레가 된 것 같은 심정을 비교하는 질문을 던졌다. 『그 많던 싱아는 누가 다 먹었을까』에서 나오는 벌레와 카프카 소설 속 벌레는 다르다. 전자는 벌레 같은 심정을 자전적으로 다루었지만, 카프카는 정말 벌레가 되어버린 청년의 이야기이다. 작품 속 벌레는 미물의 표현이라고 생각된다. 세상의 풍파 속에 주인공은 살려고 발버둥 치는 벌레가 된 것 같은 심정을 느낀다. 자신은 아무것도 할 수 없고 일제 치하 혹은 한국전쟁이라는 이데올로기 속에서 휩쓸려 살았을 뿐이지만 오히려 인간들에게 벌레 취급을 받는다. 카프카 소설 속의 벌레가 내 안의 다른 끔찍, 흉악한 모습이라면 작품 속 벌레는 인간이 아닌 존재로 살아갈 수밖에 없는 시대 상황 속 개인의 고뇌를 말하는 것 같다는 의견도 있었다.

커다랗게 보면 우리가 읽었던 많은 소설이 주인공의 성장을 다룬 성장소설 같다는 생각으로 의견이 모였다. 생각해보니 그렇다. 굳이 성장소설이라고 붙이지 않아도 소설 대부분은 한 인간이 육체적, 정신적으로 변해가는 과정을 그린다. 이 작품은 지나치게 사실적으로 보임에도 자서전이 아니라 허구의 대명사인 소설로 이름 붙여졌다. 아마 그건 기억의 문제일 듯싶다. 기억이라는 것은 물과 같아서 어떤 그릇에 담느냐에 따라 모양이 달라진다. 아마 박완서 작가 자신도 그런 면이 신경 쓰였을지도 모르겠다. '역사의 소용돌이 안에서 아등바등 살아온 나의 이야기'이긴 하지만 소설이라는 장치 아래 극적인 사건이나 인물들을 배치해서 가독성을 높이고 혹시 생기게 될 차후 문제에 대비한 것은 아닐까.

개인적으로는 재미있게 읽은 소설이다. 할아버지, 어머니, 나, 그리고 주변 인물. 거의 모든 등장인물은 이중적인 태도를 지닌다. 시대 상황도 그렇다. 친일이냐 아니냐의 시기를 지나자 좌익과 우익을 구분하는 시대를 맞는다. 정말 소설 같은 실제 상황이다. 다소 비판적으로 시작되었던 토론의 분위기가 마무리할 때가 되자 부드러워졌다. 다른 분들의 이야기를 듣다 보니 작품의 긍정적인 측면에 감화되어 혼자 읽었을 때 느꼈던 생각의 다른 면을 찾게 되었다는 의견으로 토론이 정리되었다. 같은 책을 읽고 이야기를 나누는 장점이 이런 것이구나, 하는 점을 새삼 깨달으며 토론을 마쳤다.

¶ 한 주제에 대한 다양한 접근 – 지정주제모임

접근성 ★★★ / 깊이 읽기 ★★★ / 준비 난이도 ★★★★ / 지속가능성 ★★

지정주제모임은 자유도서모임과 지정도서모임의 중간쯤이라고 할 수 있겠다. 주제를 정하여 책의 방향이나 영역을 한정하되, 가지고 오는 책은 '주제' 안에서 개인의 자유에 맡기게 된다. 우리는 모임 초기 회원들의 요구로 지정주제모임을 시작했다. 자유도서모임을 하던 회원들 사이에 어느 정도의 결속력이 생겼고, 꾸준한 모임이 반년 이상 지속되었을 때였다. 테이블 위에서 오고 가는 이야기에 한계가 보이기 시작했다. 책에 대한 감상이 반복되는 것을 모두가 느끼기 시작했다. 그럴 수밖에 없다. 책을 받아들이는 것은 사람이고 사람의 경험은 몇 년 새 변하지 않으며, 독서 감상이란 경험의 토대 위에서 형성되기 때문이다. 한 회원이 주제를 정하고, 주제의 틀 안에서 책을 가져오자고 제안했다. '친구, 사랑, 행복, 열등감, 죽음…' 등의 주제를 정했고 처음 몇 달은 매우 활발한 대화가 오고 갔다. 책의 특징은 모든 분야를 넘나든다. 같은 주제라고 하더라도 책을 통해 접근하는 경로는 다양하다. 이 때문에 하나의 사건이나 현상에 대한 입체적인 접근이 가능하다. 처음에는 단순히 자유도서모임의 형태를 탈피해 보려고 시작했었지만, 참여한 회원들은 기대 이상의 재미와 수확이 있었다고 평가했다.

하지만 이 형식의 모임은 자연스럽게 소실되었다. 왜냐하면, 다음 모임의 주제를 잡는 것이 갈수록 어려워졌기 때문이다. 어느 날은 더 이상 다음 주제를 잡지 못한 채 헤어졌고, 그렇게 끝이 났다.

지정주제모임은 같은 주제를 다루는 다양한 책들을 볼 수 있다. 회원들이 준비만 제대로 해 온다면 이 모임 역시 생각을 심화시키는 좋은 기회일 수 있다. '열등감'이라는 주제로 진행했던 지정주제모임은 대표적인 사례다. 모임에서는 『인간, 우리는 누구인가』(2010)라는 진화론 책을 통해 진화심리학적으로 '열등감'을 이해할 수 있었고, 일본에 강제 징용된 이후로 일본에서 살고 있는 재일 한국인의 자전적 소설 『GO』(2006)를 통해 집단적인 열등감에 대한 이해에까지 다다른다. 또한, 토론을 통해 열등감의 장단점을 이야기하게 되었고, 열등감이 체질이 되어버린 시인의 시까지 낭송했다. 지정 주제모임이 한 주제에 대한 과학과 문학 그리고 역사 이야기까지 넘나들 수 있는 사례다.

지정주제모임의 한계는 회원들이 주제를 '선정'해야 하고, 주제에 알

맞은 책을 다시 '선정'하고 읽어와야 한다는 것이다. 자유독서모임에 비해 '선정'하는 노력이 두 번 더 들어간다. 이 때문에 우리는 지정주제모임의 접근성에 별 세 개, 준비 난이도에 별 네 개를 부여했다. 실제로 지정주제를 잡았지만 참여하는 회원이 적어, 모임을 취소한 경우도 많았다. 특히 지정주제를 미리 한 달 전 공지하고 모임을 계획했을 때 실제로 모임이 성사되는 경우는 절반이 채 되지 않았다. 그러나 일단 모임이 성사된다면 주제와 관련한 깊이 있는 이해에 다다르므로 깊이 읽기는 별 세 개다.

우리는 5차례 지정주제모임을 시행한 바 있다. 주제와 회원들이 가져온 책 제목은 아래와 같다. 그중 지정주제모임의 후기 하나를 소개하려고 한다.

♯ 주제 1. 인류의 미래

『한 권으로 정리하는 4차 산업혁명』_ 최진기

『특이점이 온다』_ 레이 커즈와일

『로봇시대, 인간의 일』_ 구본권

『눈뜬 자들의 도시』_ 주제 사라마구

『21세기를 위한 21가지 제언』_ 유발 하라리

『두려움의 재발견』_ 로버트 마우어, 미셸 기포드

주제 2. 인간에게 '매력'이란?

『호감이 전략을 이긴다』 _ 로히트 바르가바

『도리언 그레이의 초상』 _ 오스카 와일드

『인간 실격』 _ 다자이 오사무

『니키 드 생팔 X 요코 마즈다』 _ 구로이와 유키

『그리스인 조르바』 _ 니코스 카잔차키스

『인간 조조』 _ 이재하

주제 3. 행복

『삶의 의미를 찾아서』 _ 빅터 프랭클

『행복의 기원』 _ 서은국

『자기개발의 정석』 _ 임성순

『피로사회』 _ 한병철

『말 그릇』 _ 김윤나

『나를 위해 일한다는 것』 _ 기시미 이치로

주제 4. 밸런타인데이(사랑)

『달콤쌉싸름한 초콜릿,이야기』_ 옥태권

『사랑에는 사랑이 없다』_ 김소연

『냉정과 열정 사이 Rosso』_ 에쿠니 가오리

『사랑에 대하여』_ 안톤 체홉

『가재가 노래하는 곳』_ 델리아 오언스

『모든 순간이 너였다』_ 하태완

『사서함 110호의 우편물』_ 이도우

『모두의 연애』_ 김민조

『좋은지 나쁜지 누가 아는가』_ 류시화

『어린 왕자』_ 앙투안 드 생텍쥐페리

『반짝반짝 빛나는』_ 에쿠니 가오리

『오만과 편견』_ 제인 오스틴

주제 5. 열등감

『인간, 우리는 누구인가』_ 헤닐 엥겔른

『Go』_ 가네시로 가즈카

『상처적 체질』_ 류근

2018년 9월 11일자_지정주제모임 후기

* 주제 '열등감'에 대하여

『인간, 우리는 누구인가』_헤닐 엥겔른
『Go』_가네시로 가즈키
『상처적 체질』_류근

인간은 다분히 감정적 동물이다. 감정이 인간을 움직이는 진정한 힘이라는 얘기다. 진화생물학책인 『인간, 우리는 누구인가』에 의하면 인간의 모든 감정은 그 나름의 이유가 있다. 감정 하나하나는 160만 년 지속된 영장류의 역사가 선택한 생존의 근거를 지니고 있다. 예를 들면 '혐오'의 감정은 인간으로 하여금 자신을 위협하는 대상을 제거하거나 벗어나게 한다(인간이면 누구나 돈벌레, 바퀴벌레, 지네와 같은 다리 많은 동물을 싫어한다). 불안과 두려움의 감정은 자신을 위협할 수도 있는 그런 환경에서 벗어나게 한다(인간은 누구나 어두컴컴한 공간에 혼자 있으면 불안해한다). 기쁨과 애착의 감정은 가정을 도모하고 번식하게 한다(인간은 누구나 아기를 귀여워하고, 연인을 만나면 행복해한다).

그런데 질문이 생겼다. '열등감'은 뭔가? 이 감정은 타인보다 자신을 인식하여 움츠러들게 할 뿐! 여타의 어떤 긍정적 행동을 유도하지 않는 것 같다. 하등 존재의 필요성을 느끼지 못하는 감정 아닌가? 이런 질문을 가지고 화요모임에 나갔다. 첼로, 몰라, 신영호, 디엠, 고래, 북태. 이렇게 6명이 둘러앉았다.

'첼로' 님이 먼저 열등감의 존재 이유에 대한 가설을 내렸다. 열등감은 무모한 도전을 지양하게 한다는 것. 덩치가 작은 사람이 근육질 남자에게 함부로 덤볐다가는 쌍코피 터지기 일쑤인데, 이때 약자가 강자에게 무모하게 덤비지 못하게 하는 감정이 열등감이라는 것이다. 나와 남을 비교하여, 스스로 작음을 인정하게 만드는 이 감정은 자신의 실력이 자라날 때까지 기다리고 인내할 수 있도록 한다. 설득력 있는 가설이다. 동물이 세계에서는 암컷을 두고 수컷이 대결하는 경우가 흔한데, 어린 게 무모하게 덤비지 않고 장성할 때까지 기다리기 위해서는 열등감은 꼭 필요한 감정일 것이다.

그럼 우리는 언제 타인과 자신을 비교할까? '신영호' 님은 자신의 경험으로 보건대, 유독 여성이 있을 때 열등감을 느꼈다고 했다. 남녀공학을 다닐 때 열등감을 많이 느꼈는데, 남학교를 다닐 때는 열등감이 사라졌다는 것. 여성 앞에서 남성들은 서로를 비교하는 경향이 있다는 것인데 참으로 맞는 말이다. 사람은 자신을 타 종과 비교하지 않는다. 치타보다 더 느리게 달린다고 열등감을 느끼는 사람은 없고, 나무에 오를 때 원숭이와 자신을 비교하는 사람은 없다. 같은 종중에서도 같은 성과 비교할 때 생기는 감정이 열등감이다. 남자는 다른 남자와 겨루며, 여자는 다른 여자와 겨루어 자신을 평가한다. 따라서 열등감이라는 감정은 진화심리학에서 말하는 '성 선택'의 결과물 아닐까. 이것은 찾아보면 반드시 어딘가 나올 것이다.

'몰라' 님은 가네시로 가즈키의 소설 『Go』를 가지고 왔다. 작가는 일본에 강제 징용된 이후로 일본에서 살고 있는 재일 한국인이다. 자전적 소설인 『Go』에는 열등한 환경에서 살아남아야 하는 한 아이의 성장 과정을 다룬다. 일본 사람도 아니고(투표권도 없다), 한국에서 환영받지도 못하는 애매한 국적의 재일 한국인. 그들은 환경 자체가 열등하다. 만성적인 열등감은 뼛속까지 침투해 버리면 어떻게 될까? 몰라 님은 난민들을 예로 들었다. 새로운 정착지에서 새로운 환경 속에 적응해야 하는 난민들은 오히려 그들끼리 똘똘 뭉쳐서 새로운 사회와 융화되지 못하면 사회적 문제가 된다는 것. 유럽의 이슬람 난민이 그렇다고 했다. 생각해보니 집단적 열등감은 개인의 열등감보다 훨씬 위험한 것 같다. 나치의 유대인 학살, 아프리카에서 종족 분쟁, 유럽에서 일어나고 있는 극우들의 활동 등, 차별과 혐오를 조장했던 사건들의 배경에는 집단적 열등감이 자리 잡고 있는 것 같다. "저들보다 열등하면 우린 다 죽어. 우리가 먼저 죽이자"라고 선동이 먹혀드는 것이다. 이것이 가능한 이유는 환경이 우리를 열등하게 만들어서 우리가 억울하게 힘들었다는 '집단적 열등감'이 집단 속에 깔려있기 때문이 아닐까?

    일반적으로 감정은 '행동의 동기'가 되는데, 열등감은 '인내 동기'가 된다. 나서지 말아야 할 때 가만있게 하는 역할을 하는 것이다. 근데 매사 일이 잘 안 풀려서 매사 나서기 싫은 사람이 있다고 치자. 자신이 하는 모든 영역에서 타인이 나보다 우월해 보일 때 열등감이 만성적으로 자신을 지배하면 어떻게 될까. '첼로' 님이 가져온 『상처적 체질』에 실린 시에는 이런 사람의 우울하고 찌질한 감정이 절절하게 배어 있었다.

> 나는 세상에 와서 언제 한번 이겨봤을까 싶게
> 순 남들 만세 부르는 구경만 하다가 정작으론
> 백전백패쯤의 전적으로 이 나이를 살아왔다
> 대학을 졸업했지만 내가 가고 싶었던 곳은 아니었다
> 취직을 했지만 남들이 거들떠보지 않는 회사였다
> 이것도 승부라면 단 한 번 이긴 적이 있는데
> 임신해서 만삭이 된 아내와 결국 결혼할 수 있었던 것이었다
> 만원 지하철마저 파고들지 못해 지각하는 날엔
> 아침부터 공원에 앉아 비둘기들과 술이나 마시고 싶었다
> 늘 이기고 싶었지만 언제나 마음속에서만 우물거렸을 뿐
> 승리의 나이키 운동화 한 켤레 사 신지 못했다
> 누군가 인생은 승부,

승리한 자가 아름답다, 라고 말했을 때 나는

텔레비전 속으로 뛰어들어가 그를 죽도록 패주고 싶었다

그러나 그는 가장 많이 이긴 사람이었고

현실적으로 나보다 주먹이 컸다

『상처적 체질』(2018) _ 류근, 이력 중 일부

열등감의 반대 감정은 무얼까? 우월감일까? '북태' 님은 열등감이 좀 낮은 수준의 감정이라고 했다. 우월감도 마찬가지다. 타인과 나를 비교해서 내린 평가라는 점에서 우월감도 열등감과 같은 수준의 감정이다. 열등감에 반대되는 높은 수준의 감정이 '자존감'이다. 타인과 비교하지 않아도, 타인의 평가와 상관없이 존재하는 감정이라는 점에서 자존감은 열등감과는 확연히 구분된다. 지난주 소개받았던 니키드 생팔이 떠올랐다. 그녀의 작품 변천을 보면 분노에 사로잡힌 상태에서 자존감에 충만한 상태로 나아가는 경과가 드러나는 것 같다.

총평하자면 매우 유익한 대화였다. 사실 다들 별로 기대하지 않았을 것이다. 나도 열등감으로 무슨 얘기가 나오겠나 생각했는데, 예상외로 꽉 찬 시간을 보냈다. 각자의 경험과 책 속의 정보가 어우러지니까 재밌고도 쏠쏠했다. 전문가들의 대담에 참석한 느낌이다. 앞으로 열등감에 관한 얘기를 나눌 기회가 주어진다면 엄청 많이 아는 척을 하여 우월감을 느끼게 될 것 같다.

¶ 책을 게임 하듯 즐기자 – 북 배틀, 북 디베이트

접근성 ** / 깊이 읽기 ***** / 준비 난이도 ***** / 지속가능성 *

　자유도서모임의 한계는 책 속으로 깊이 파고들지 못한다는 것이고, 지정도서모임의 한계는 관심 밖의 책이 선정되면 모임이 재미가 없다는 것이다. 우리는 이 한계로부터 자유로운 재밌는 책 모임이 없을까를 고민하다가 북 배틀을 알게 되었다. 북 배틀은 깊이 읽으면서도, 재미도 있는 일거양득의 독서모임 방식으로서 손색이 없었다. 한 가지 주제에 대해 대립하는 두 가지의 주장을 펴는 책 두 권을 선정한 후 함께 읽고 회원들이 양 진영으로 나뉘어 토론하는 방식이다.

　북 배틀의 장점은 형식 자체가 신선하다는 것이다. 책의 내용을 파악한 후 내 것으로 만들고, 거기서 그치는 것이 아니라 그것을 무기로 토론장으로 뛰어드는 것이다. 토론을 통해 말로서 상대 진영을 설득하고, 상대방의 반대되는 주장을 듣는다. 자신의 주장을 피력하는 과정에서 저자의 견해와 논리를 더욱더 깊이 있게 이해하게 되고, 상대방의 말을 듣고 반박하고 토론하는 과정 자체가 생각하는 힘을 길러주는 시간이 된다. 경험적으로 볼 때 북 배틀 가장 큰 장점은 재미였다. 토론은 가열되다 못해 과열되었고, 진행 과정에서 여기저기 웃음보가 터져 나오기도 했다. 회원들의 후기에서도 재밌었다는 말은 빠지지 않았다.

북 배틀 역시 단점이 있다. 첫 번째는 책 선정이 쉽지 않다는 점이다. 하나의 주제에 대해 대립하는 두 가지의 주장을 개진한 책이 있어야 하는데, 이런 두 종류의 책을 찾기란 쉽지 않다. 대개가 학문적인 가설을 다루는 전문적인 영역이 많아서 대중적으로 다룰 수 있는 책들은 손에 꼽을 정도다. 두 번째 단점은 발제하는 두 사람이 정성껏 준비해야 한다는 것이다. 회원들에게 선정된 책 모두를 읽고 오도록 하는 것은 무리가 있다. 책을 못 읽고 오는 사람들까지 배려해야 하고, 또한 북 배틀을 다양한 독서 경험을 제공하는 기회로 삼을 수 있으려면, 발제자들이 충분한 준비를 하는 것이 좋다. 발제의 내용이 토론의 수준에 커다란 영향을 미치는 것도 사실이다.

우리는 북 배틀의 '깊이 읽기'에 가장 높은 점수인 별 다섯 개를 부여했다. 책 선정과 준비과정이 쉽지 않아서 '준비 난이도'와 '지속가능성'에 각각 별 다섯 개와 하나를 부여했다.

대립하는 주장을 담지 않은 주제라도 북 배틀 형식을 취할 수 있다. 우리는 '사랑'과 '능력주의는 공정한가'라는 주제로 두 차례 모임을 진행했다. 북 배틀 사례는 부록에 소개했다.

¶ 영화도 보고 책도 읽고 – 영화읽기모임

접근성 ★★★ / 깊이 읽기 ★★★★ / 준비 난이도★★★ / 지속가능성 ★★

소설과 영화, 이야기를 좋아하는 사람에게는 둘 다 놓치고 싶지 않은 매체일 것이다. 그래서 우리는 한 편의 이야기를 가슴으로 느끼고 눈으로 확인하는 모임을 시도해보기로 했다. 소설을 원작으로 하는 영화를 보고 책과 비교하며 토론하는 모임을 만들었다. '영화를 책처럼 읽어보자'라는 의미로 '영화읽기'라는 이름을 붙여 보았다.

책을 읽는 모임이지만 시대의 흐름조차 막을 수는 없다. 2021년 현재는 문자보다는 영상의 시대라는 것을 부인할 수는 없기 때문이다. 하지만 우리가 글을 읽는 이유는 영상보다 더 빠져들 수 있는 상상력에 있다고 생각한다. '골목길'이라는 같은 단어를 읽고도 누군가는 맛집이

즐비한 먹자골목을 상상하고, 누군가는 아직 정비되지 않은 동네의 좁은 골목을 상상한다. 손을 맞잡으면 길이 가득 차버리는 골목길을 상상하는 나와 이곳저곳에서 풍기는 맛있는 냄새와 와자지껄한 사람 소리로 들어찬 먹자골목을 상상하는 당신이 있으니 이야기는 풍성해진다.

한 권의 책을 읽고 내가 상상하며 느꼈던 감정을 영화는 어떻게 표현하고 있을까? 페이지 곳곳에 놓여 있는 공간적 배경을 영화감독은 어떤 미장센으로 만들어냈을까?

영화읽기는 분명 같은 책을 읽었을 영화감독과 나와의 창조게임이다. 우리는 같은 책을 읽고 다른 장면을 머리에 그리며 영화를 본다. 그리고 영화감독이 재창조한 공간에 관하여 대화한다. 언제나 모자란 두 시간 남짓의 모임 시간에 영화라는 게스트가 참여하는 꼴이다. 당연히 우리의 대화는 뒤풀이까지 이어진다.

지난 세기부터 현재까지 소설을 기반으로 하는 영화는 셀 수 없을 만큼 많다. 약간의 검색만으로도 수많은 영화 원작 소설을 찾아낼 수 있다. 하지만 모임에 대한 접근성은 또 다른 문제이다. 앞서 말한 듯이 우리는 영상의 시대를 살고 있고, 같은 이야기라면 책보다는 영화를 선호하는 사람들이 많은 것도 사실이다. 현대사회에서 둘 중 하나를 고르라면 영화였고 영화를 본 후 굳이 알고 있는 이야기를 책으로 다시 본다는 것은 쓸데없는 짓이라 생각할 수도 있다. 그래서인지 책이나 영화 둘 중의 하나를 보고 함께 이야기를 나누자고 하면 영화만 보고 모임에 참여하는 회원들이 많다. 이런 단점을 보완하는 모임방식을 찾는다면 영화읽기는 많은 회원이 즐길 수 있는 모임형식이 될 것이다.

영화에 마음이 동해 책을 찾게 된다면 깊이 읽을 수밖에 없다. 대부분, 영화가 책에 있는 감정, 배경 등을 모두 온전히 표현하기는 힘들다. 몇십 페이지에 달하는 등장인물들의 감정을 나타내는 대화를 영화는 몇 분짜리 짧은 대화와 미장센으로 단축하고, 그래야만 한다. 그래서 영화를 보고 의아한 장면이 생겼을 때 원작을 보고 이해하게 되는 경우가 종종 있다. 반대로 책을 통해 해소하지 못한 부분을 영화가 해결해 주기도 한다. 책을 보고서 와 닿지 않았던 어떤 설명은 영화를 보면 도움이 된다. 드니 빌브르 감독의 영화 〈컨텍트〉는 테드 창의 소설집 『당신 인생의 이야기』 중 「네 인생의 이야기」를 영화화했다. 원작을 읽으며 과학적인 설명과 외계인의 문자 표현이 다소 난해하게 느껴졌다면 영화 〈컨텍트〉는 도움이 될 것이다.

소설과 영화를 함께하면 서로의 빈틈을 채워 줄 수 있어서 원작을 더욱 풍성하게 즐길 수 있다.

영화읽기는 크게 세 가지 방식으로 나뉜다.

1. 영화와 소설을 본 사람들이 모여 이야기를 나누는 방식

2. 영화와 소설, 둘 중 하나 이상 접한 사람들의 모임

3. 각기 책을 본 후 함께 모여 영화를 보는 방식

1은 쉽지 않다. 읽고 보는 것을 함께 할 수는 없으니, 하나를 먼저 이루면 다른 하나가 흥미가 떨어진다. 1의 방식을 선택하려면 시간을 오래 두고 공지를 해 두는 것이 중요하다.

2는 서로 공감과 이해도가 떨어질 염려가 있다. 앞서 이야기했듯 텍스트보다는 영상을 선호하는 사람들이 많아 모임을 진행하면 영화를 본 사람이 책을 읽은 사람을 압도하는 경우가 대부분이다. 책을 읽은 사람들이 글의 디테일을 설명해 주다 보면 정작 중요한 공감을 놓치는 경우가 생긴다. 아무래도 영화만 접한 회원들은 책의 감동을 온전히 느끼지는 못한다.

3도 역시 문제가 있다. 일단 시간의 문제다. 한창 인생의 바쁜 시기를 보내고 있는 회원들의 대부분은 두 시간의 토론도 부담스러울 수 있다. 그런데 영화를 보고 토론도 하자면 적어도 네 시간 이상의 시간이 소요된다. 게다가 장소도 부담스럽다. 함께 영화를 볼 수 있는 공간을 마련하는 것도 벅찬 일이지만 장소가 섭외된다 해도 저작권 문제로 많은 인원이 함께 영화를 감상하기는 어렵다.

하지만 3은 영화읽기모임에서 가장 선호하는 방식이기도 하다. 함께 영화를 보고 곧바로 토론을 진행하는 신선함이 가장 큰 매력이다. 그래서 개봉영화를 선호한다. 막 개봉한 뜨끈뜨끈한 소설 원작을 기반으로 한 개봉영화를 상영관에서 함께 보고 토론을 진행하는 것이다. 책은 지정도서 형식으로 미리 공지하고 두 시간 정도 모임 시간을 앞당겨야 하지만 회원들의 만족도가 가장 큰 방식이다.

영화읽기모임의 매력 때문에 여러 가지 시도를 해 보았지만, 다른 모임들에 비해 지속해서 이루어지기가 쉽지 않다. 우리는 영화 개봉에 맞춰 분기별 한 번 정도 이벤트 형식으로 기획하고 있다.

---

* 영화읽기모임에서 함께 나눈 목록

- 소설집 『당신 인생의 이야기』 중, 「네 인생의 이야기」와 영화 〈컨텍트〉
- 소설 『도플갱어』와 영화 〈에네미〉
- 에세이 『먹고 기도하고 사랑하라』와 영화 〈먹고 기도하고 사랑하라〉
- 소설집 『반딧불이』 중, 「헛간을 태우다」와 영화 〈버닝〉
- 소설 『82년생 김지영』과 영화 〈82년생 김지영〉
- 소설 『파이 이야기』와 영화 〈라이프 오브 파이〉
- 소설집 『조제와 호랑이와 물고기들』 중, 「조제와 호랑이와 물고기들」과 영화 〈조제, 호랑이 그리고 물고기들〉, 영화 〈조제〉
- 화가 루이스 웨인의 작품과 생을 다룬 책 『루이스 웨인의 웃기고 슬프고 이상한 고양이들』과 영화 〈루이스 웨인: 사랑을 그린 고양이 화가〉
- 소설 『리어왕』과 영화 〈킹 리어〉
- 소설 『걸어도 걸어도』와 영화 〈걸어도 걸어도〉
- 소설 『마리아 비틀』과 영화 〈불릿 트레인〉

¶ 결론 – 도구 상자 활용하기

이상 소개한 다섯 가지 형태의 모임은 독서모임의 도구 상자라고 할수 있다. 각 모임의 장단점을 알고 있고, 각각 모임 형태를 적절히 사용한다면 더욱 풍성한 독서모임을 할 수 있을 것이다.

우리의 견해는 이렇다. 접근성과 지속가능성이 가장 좋은 자유도서모임을 모임의 뼈대로 하면서 자유도서모임의 단점을 보완하는 다른 형태의 모임을 수시로 갖는 것이다. 회원들이 다양한 형태의 모임이 있음을 알고 있다면, 때때로 회원들의 요구에 따라 모임 형태를 취할 수도 있을 것이다.

가끔은 본격적으로 '내밀한 이야기'를 중심에 놓고 모임을
갖는 것도 좋다. '자 이제부터 당신의 이야기를 해 보세요'
라는 시간을 갖는 것이다. 우리는 이런 취지의 모임을 계획
하기 위해 책이 아닌 다른 형식을 취해 보았다. 노골적으
로 '이야기를 해 보세요'라고 말하면 말문이 막히기 쉽다.
당신의 좋아하는 그림은 무엇인가요? 좋아하는 음악은 무
엇인가요? 왜 당신의 이름은 그것이 되었나요? 라는 질문
을 던지는 것이다.

3부 본문 중에서…

3

독서모임의 양념통, 이벤트성 모임

_ 우리들의 이야기를 나누어 봅시다

_ 회원들의 능력을 살려보자

_ 책을 들고 밖으로

_ 일 년에 한 번은 정리하는 시간을

¶ 우리들의 이야기를 나누어 봅시다

독자들은 모두 자신만의 책을 가지고 있다. 활자화된 것은 아니지만, 자신의 기질과 성격 그리고 경험을 통해서 축적되는 이야기가 내면에 고스란히 남아 있다. 이런 이야기는 일상에서는 쉽게 겉으로 드러나지 않는다. 현대인의 일과 속에서 만나는 사람들은 내밀한 이야기를 드러내라고 요구하지 않는다. 직장에서의 업무 성취 능력을 평가할 때도 학교에서 시험성적을 평가할 때도 각자가 지닌 내면의 이야기는 고려 대상이 아니다. 그러다 보니, 오랜 기간 내면의 이야기들은 탈출하지 못한 채 감금되어 있으며, 말이 되어 내면으로부터 탈출하기를 욕망한다. 이런 욕망은 사람을 모이게 한다. 입과 귀가 가까운 곳으로 모이게 한다. 이러한 탈출의 욕망은 독서모임에 찾아오게 되는 원인 중 하나다. 책을 가운데 놓고 나누는 말들 속에서 내면에 갇혀 있던 이야기들이 드러난다. 독서모임에 처음으로 나오는 사람들은 하나같이 '말할 공간'이 없었음을 고백하면서, 말할 수 있음에 행복해한다.

가끔은 본격적으로 '내밀한 이야기'를 중심에 놓고 모임을 하는 것도 좋다. '자 이제부터 당신의 이야기를 해 보세요'라는 시간을 갖는 것이다. 우리는 이런 취지의 모임을 계획하기 위해 책이 아닌 다른 형식을 취해 보았다. 노골적으로 '이야기를 해 보세요'라고 말하면 말문이 막히기 쉽다. 당신의 좋아하는 그림은 무엇인가요? 좋아하는 음악은 무엇인가요? 왜 당신의 이름은 그것이 되었나요? 라는 질문을 던지는 것이다. 이런 모임은 회원들 간의 서로를 더욱 깊게 이해하는 과정이 되고, 재미도 있다. 우리는 '그림이 빛나는 밤에', '한 컷 듣기', '너의 이름은', '책과 음악의 밤'이라는 제목으로 이런 행사를 시도해보았다.

1. 그림이 빛나는 밤에

2018년 8월 초, 항상 똑같은 방식의 공지가 올라오던 게시판에 색다른 공지가 올라왔다. 다음과 같다.

EVENT '그림이 빛나는 밤에' 공지

• 때: 2018년 8월 14일 저녁 7시 30분 (1시간 30분)

- 소재: 나의 최애 미술작품(작품소개, 관련 사연 등을 자유롭게 나눠주시면 됩니다)
- 진행 방법: 발표, 발표순서는 제비뽑기
  발표 의무 없음, 참석만 해도 환영
  빔 프로젝터 사용 가능(노트북은 제가 가져갈게요)
- 인기상: 투표로 2분을 뽑아 최애 작품이 프린트된 핸드폰 케이스를 드립니다.(수령까지는 시간이 걸립니다)
- 댓글 남겨주세요.
  - 발표하실 분
    댓글 번호 / 발표 / 성함 혹은 닉네임 / 작품명
  - 참석만 하실 분
    댓글 번호 / 참석 / 성함 혹은 닉네임

책을 벗어난 소재로 모임을 한 첫 번째 이벤트였다. 모임 제목은 '그림이 빛나는 밤에'다. 카페에 준비된 스크린에 자신이 가장 좋아하는 그림을 띄우고 소개하는 시간이다. 발표자에게로 시선을 집중하여 경청해야 하므로 행사를 위해서는 장소를 대관하는 것이 필요하다. 기왕이면 컴퓨터와 연동된 프로젝트와 스크린이 준비되어 있으면 좋다. 그림을 화면에 띄우기도 하고, 자신이 그렸던 그림을 직접 가져오는 회원도 있다. 그림과 관련된 이야기는 단순히 관련 정보를 나열하는 수준을 넘

'그림이 빛나는 밤에' 발표 모습

게 된다. 그림을 통해 아픔을 치유했던 경험을 말하는 회원도 있고, 그림에 관련된 기억을 더듬으며 눈물을 보이는 회원도 있었다. 우연한 아이디어로 한 차례 행사를 했었는데, 모임이 인상 깊고 풍성하게 진행되어 호응이 매우 좋았다. 이후 '그림이 빛나는 밤에'는 연례행사로 하기로 결정했다. 2018년, 2019년 그리고 2022년 세 차례 모임을 진행했고, 2020년과 2021년은 코로나19로 인한 사회적 거리 두기로 시행하지 못했다.

운영자가 모임을 알리는 공지를 하면 참석할 수 있는 회원들은 댓글을 단다. 발표할 것인지 참석만 할 것인지를 밝힌다. 일 인당 5~10분 정도의 발표 시간이 부여되기 때문에 발표자 수는 십여 명으로 한정된다. 발표 중간에 재능이 있는 회원들에게 부탁하여 악기를 연주하거나 노래를 들어볼 수도 있다. 당시의 분위기를 잘 보여주는 후기를 하나 소개한다.

"빛이 날 수밖에 없었다. 빔 프로젝터에서 나오는 빛으로 스크린에 그려낸 그림이었다. 빛으로 탄생한 그림이니 빛이 날 수밖에. 다행인 것은 그림만 빛난 게 아니었더라는 거다. 내 발표 시간이 되어 나가서 알게 된 것인데, 청중들의 눈동자에서도 빛이 나오고 있었다. 그 '눈의 빛'들은 "말만 해, 다 들어줄게"라는 말을 하며 무대조명같이 눈빛으로 무대를 밝혀주고 있었다. 경청할 준비가 된 사람들 앞에서 말을 한다는 것은 잠시 무대 주인공이 된 기분이 들게 한다.

10여 명의 발표가 있었고, 각기 다른 느낌의 자리가 만들어졌다. 중간에 음악으로 그림을 풍성하게 해 주시는 분들도 있었고, 자기가 그린 그림 또는 좋아하는 그림을 가져온 분도 있었다. 각기 다른 색깔의 이야기들을 들으며 오늘의 주인공은 '이야기'가 아니었나 싶었다. 그림은 '이야기'를 끌어내는 훌륭한 매개물이 되어 주었다. 낙서하다가 화가가 된 작가를 보며 예술이 멀리 있지 않음을 보았고, 발칙하고 농염한 여자의 눈빛에 빠져들었다가 참수된 목을 보며 흠칫 놀랐다. 매력과 마력이 공존하는 장면이랄까. '내 곁에 있어 줘, 가지 마'라는 제목의 사진은(제목이 부정확함) 발표자의 마음이 전해져 짠했고, 재기발랄한 작가의 열정이 담긴 미디어 아트는 그저 신기했고, 강렬하게 터져 나오는 열정의 붉은 색채를 보며 나도 그런 열정이 있을까 고민했다. 딸을 그리며 엄마와 딸의 인연을 생각했다는 사연, 플루트 연주가 더해지니 더 운치 있었다. 몬드리안의 그림 속에 피어난 할머니에 대한 향수는 구수했다 자평하고. 한 여인의 아름다운 죽음을 그린 「오필리아Ophelia」는 그림에 어울리는 노래가 빛났고. 르누아르의 따뜻한 그림들을 감상하며 마음이 따뜻해졌고, 알폰스 무하의 「욥JOB」은 얼마 전 금연을 시작한 나를 힘들게 했고(정말이지 그런 매력적인 담뱃갑이라면 늘 가지고 다니고 싶네요), 바닷가의 수도승을 보며 파도 소리를 들었다.”

첫 행사 때는 여러 걱정이 앞서기도 했다. 독서모임에서 '그림'이라는 소재가 엉뚱하여 회원들의 반응이 냉소적이지는 않을지. 발표자들이 없지는 않을까. 발표 내용이 싱겁거나 식상하다는 평을 받지는 않을까. 걱정도 있었다. 몇 번 만나지 못한 회원들도 많기 때문에 속에 있는 무엇을 꺼내놓기 어려운 분위기도 있었다. 그러나 의외로 발표자들은 많았고 발표 내용도 매우 진솔하고 인상적이었다. 첫 번째 모임 때는 9명의 발표자가 있었고, 두 번째와 세 번째는 15명의 발표자가 있었다. 후기에서도 나왔지만, 이와 같은 방식의 모임이 성공하려면 귀와 눈을 집중시킬 수 있는 환경이 되어야 한다. 마이크와 스크린이 준비된 무대를 향하여 배치

된 의자들은 경청의 분위기를 만들었다. 지나치게 경직된 분위기를 풀기 위해 시작 전 다 함께 노래를 배우는 시간도 좋았다. 여기에 회원들의 정성이 약간 들어간 준비만 갖추어진다면 충분히 의미 있는 시간이 될 수 있을 것이다. 후기 하나만 더 들어보자.

"매우 민주적인 방식으로 발표순서를 정했고 저는 세 번째로 발표하게 되었습니다. 혹등고래 님과 코스모스 님의 연주에 맞추어 오프닝 곡을 부를 때까지도 너무 긴장해서 거의 제정신이 아니었습니다. 내가 미술에 대해 뭘 안다고 여기 와서 이러고 있을까 후회도 하고. 게다가 제 앞 발표자는 푸름 님! 얼루어 독서모임 자타공인 미술 홀릭이신 분 다음으로 발표하게 되었습니다.

그랬는데, 이 모든 감정이 싸악 정리되는 마법 같은 순간이 있었습니다. 푸름 님이 소개한 그림에서 연상되는 노래를 불러주신 분(화요모임 두 번째여서 닉네임을 다 알지 못하네요). 그분의 노래를 듣고 있는데 갑자기 이런 생각이 들었습니다.

그냥 좋아서, 자기가 느낀 열정과 기쁨을 그저 나누고 싶어서 모여 있다는 것, 책과 그림과 음악이 어우러진 이 자리에 함께하고 있다는 건 참으로 행복하고 감사한 일이라고, 거짓말처럼 긴장이 누그러지고 이 순간을 즐겨야겠다는 생각이 들었습니다.

또 하나 재미있던 것은 아홉 명의 발표 내용이 참 다양하다는 점이었습니다. 유명한 그림뿐만 아니라 팝아트, 사진, 미디어아트, 일러스트, 직접 그린 유화까지. 소개해주신 작품 자체도 흥미로웠지만, 작품에 얽힌 스토리텔링으로 인해 그 작품을 보는 '자신'을 보여주고 있다는 느낌이 들었습니다."

2. 한 컷 듣기

EVENT '한 컷 듣기' 공지

• 11월 13일 저녁 7시 30분
• 한 컷의 사진을 가지고 나의 에세이를 나눠봐요.
• 본인이 찍혔거나 찍은 사진이면 더 좋습니다.

'그림이 빛나는 밤에'가 성공적으로 끝나니 같은 방식의 모임을 종종 갖자는 의견이 있었다. 새로운 모임을 계획했고 우리는 '한 컷 듣기'라는 이름을 붙였다. 행사의 취지와 방식은 '그림이 빛나는 밤에'와 같다. 다른 점은 그림이 아니라 한 장의 '사진'에 자신이 직접 써 온 이야기를 읽는 것이다. 미술 분야에 관심이 없거나 심리적으로 거리가 먼 사람들에게도 발표의 기회를 줄 수 있다. 미술이든 사진이든 중요한 것은 자신의 이야기를 꺼내놓을 매개물을 이용한다는 점이다. 모든 사람이 카메라가 장착된 스마트폰을 들고 다니는 시대에 사진은 매우 친숙한 분야고, 원한다면 누구나 발표를 할 수 있다. 아무런 의미 없이 지나가는 장면이었지만, 그것이 사진으로 포착되고 글로서 이야기를 입혀놓는 것이다.

사진과 글이 결합한 이런 방식의 이벤트는 글쓰기를 장려할 수도 있고, 그간 써온 글을 소개하는 시간이 될 수도 있다. 우연히 뜨거운 호응을 받은 글도 있었다. 불현듯 만난 재치 있는 글에 모두가 박수를 쳤다. 닉네임 홍이는 신윤복의 「사시장춘」을 보고 느낀 것을 글로 써와서 커다란 호응을 받았다. 아래에 소개한다.

〈 꽃분이와 돌쇠 이야기 (신윤복 「사시장춘」을 보고) _ 홍이〉

나는 밭에 나가 있는 돌쇠를 위해 주먹밥을 만들고 있었어요. 돌쇠는 늦어진 점심에 목이 빠져라 나를 기다리고 있겠죠. 나무 소쿠리에 세 개쯤 담아 넣고 있을 때였나. 부엌 너머에서 흠, 흠 하는 헛기침 소리가 들려서 나가보니 도련님이 서 계셨지요.

– 한 식경 후에 별당으로 술상을 차려오렴.

신윤복의 「사시장춘(四時長春)」

평소에는 세숫물이 차갑다는 둥, 마당이 지저분하다는 둥…. 투덜거리거나 윽박지르기 일쑤였지만 오늘은 그답지 않게 부드러운 말씨였지요. 그러니 하얗고 잘생긴 얼굴에서 빛이 나는 것 같았어요. 참, 별당이라 함은 꽤나 떨어진 별채에, 거기에서도 마당 끝에 덜렁 서 있는 곳이지요. 소나무가 우거져 있고 계곡도 맞닿아 있어서 양반네들이 여름이면 들락거리는 곳이지만 다른 계절엔 외풍이 심해서 잘 가지 않는 곳이었어요. 하긴 이제 따뜻한 바람이 부니 곧 여름이 오겠네요. 봄바람 같은 도련님의 말씨에 나는 괜스레 달떠서는 술상을 준비했어요. 나리가 아껴 드시는 머루주를 하얀 호리병에 담고 도련님이 좋아하시는 강정과 편육을 담아냈지요. 누가 볼세라 조심스럽게. 몰래 가져오라는 도련님의 당부가 있기도 했지만 어쩐지 누군가에게 들키면 안 될 것 같았어요. 그렇게 얼굴이 붉어진 채로 술상을 준비하고 있는데 돌쇠가 불쑥 부엌으로 들어서지 않겠어요. 너무 놀랐지만, 티 나지 않게 바르르 떨리는 손을 바로 잡았어요.

— 아, 배고파. 너는 뭐 하는 데 밥도 안 가져오냐.

얼마 전부터 느낀 거지만 아이 같던 돌쇠는 조금 변했어요. 어깨가 넓어지고 코밑도 거뭇한 것이 제법 사내 티가 났거든요. 아무튼, 바보 같은 놈이에요. 때가 되면 알아서 챙겨 먹어야지. 내가 가져다줘야만 하는 줄 알거든요. 물론, 돌쇠 밥 챙겨 먹이는 것도 제 일과 중 하나이긴 하지만…. 아시다시피 지금은 다른 할 일이 있잖아요.

손이 바빴던 저는 턱짓으로 소쿠리에 들어 있는 주먹밥을 가리켰어요. 돌쇠는 허겁지겁 주먹밥을 베어 물면서도 한마디 하더라고요.

- 너는 뭐 하는데? 왜 밥 안 가져왔는데? 근데… 어디 아프나? 얼굴이 벌겋네.
- 보면 볼라. 나 바쁜 거.

나는 톡 쏘아 부치고는 술상을 들고 총총 걸어서 부엌을 빠져나왔지요. 돌쇠는 입안 가득 들어 있는 밥을 우걱거리며 제 뒷모습을 멀뚱히 쳐다봤겠지요. 입가에 붙어 있던 밥풀을 떼어 줄 걸 그랬나, 하는 생각이 들었지만, 고개를 저었어요. 왜냐하면, 나를 기다리고 있는 도련님한테 가는 길이었으니까요. 술상을 들고 가면서도 마음이 바빴어요. 도련님이 기다리다 지쳐 떠나버리는 게 아닐까 걱정했죠.

봄인가 봐요. 여전히 곳곳에 한기가 남아 있긴 했지만, 나른한 햇볕과 말캉한 바람이 나를 부드럽게 어루만져 주었어요. 멀리 별당이 보이자 나는 미끄러지듯이 순식간에 별당 앞에 도착하게 되었죠.

아아…. 그런데 나는 그 자리에 선 채 굳어 버렸답니다.

후다닥, 급하게 벗어 놓은 남자의 큼지막한 신발. 그것은 분명 도련님의 것이었지요. 그리고 그 옆에 가지런히 놓인 작은 분홍 신. 누구의 것인지는 알 수 없었지만 내가 들어가선 안 된다는 것은 알 수 있었어요. 봄날에… 볕이 이리도 좋은 데 문을 꼭 닫고 뭐하는 짓인지… 가슴이 콩콩 뛰었어요.

나는 어떡해야 하나.

나는 한동안 어정쩡하게 서서 마루 위에 올려져 있는 신발들을 바라보았어요. 녹아가는 얼음 밑에서 흐르는 계곡물 소리와 별채에서 흐르는 알 수 없는 소리가 끊기지 않았어요. 한데 뒤엉킨 소리가 가슴 속에서 데구루루 구르는 바람에 정신이 혼미해졌어요.

그러고 있다가 문득, 돌쇠가 보고 싶어졌어요.

3. 너의 이름은?

EVENT '너의 이름은?' 공지

- 2019년 3월 26일 화요일 오후 7:30
- 장소, 회비 기존 모임과 동일
- 본인의 이름이나 닉네임을 소재로 이야기를 나누어봅니다.
- 댓글로 참석 여부를 알려주세요.

독서모임이 끝난 후 처음 방문한 회원들에게 짧은 자기소개 시간이 주어진다. 카페 아이디를 만든 이유나 참여 계기, 좋아하는 독서 장르를 듣는 시간은 우리 모임의 소소한 재미 중 하나다. 이야기를 듣다 보면, 자신의 아이디를 순간적인 생각으로 후딱 만든 회원이 있고 몇 날 며칠 고민 후 아이디를 만든 회원도 있다. 이렇게 만들어진 아이디는 짧거나 길게 각자의 이야기가 된다. 모임에 참석하고 있는 회원 모두는 자기의 아이디와 관련된 이야기를 하나씩 가지고 있다. 그래서 모두가 처음 이 모임을 방문한 사람으로 돌아가서 서로를 조금 더 소개해보는 시간을 가져보기로 했다. 자신의 본래 이름이나 아이디를 소재로 '나'의 이야기를 하는 것이다. 그중 흥미로웠던 발표를 하나 소개한다.

"작품의 예술적 가치는 어디서 올까? 타의 추종을 불허하는 예술적 기교에서 올까? 뛰어난 발상과 창작력에서 올까? 물론 둘 다 답이지만, 꼭 그런 것만은 아니다. 기교가 없고, 창작이 아니어도 예술이 될 수 있다. 뒤샹은 평범한 소변기에 「샘」이라는 이름을 붙인 후 1917년 뉴욕

그랜드 센트럴 팰리스의 전시회에 출품했다. 소변기의 위치가 화장실에서 미술관으로 옮겨진 것이다. 「샘」이라는 변기가 작품으로 변하게 만든 것은 예술가의 의식이었다. 뒤샹은 샘(변기)이라는 레디메이드(기성품의 미술작품이라는 의미를 가진 미술) 작품에 자신의 개념을 입힘으로써 개념 미술의 시대를 개척한다.

그렇다면 나도 예술가가 될 수 있다. 조각이나 회화는 아니지만 나도 나의 내면과 의식이 들어간 것을 가지고 있다. 미술과 독서를 통해 얻은 감정을 쓴 글이다. 나는 나의 이름에 들어간 한 글자 '푸'와 아티스트를 섞어서 아이디 푸티스트(putist)를 만들었다."

ㄴ. 책과 음악의 밤

EVENT '책과 음악의 밤' 공지

• 때: 2022년 8월 30일 저녁 7시 30분 (1시간 30분)
• 장소: 주니카페
• 방법: 음악과 책을 함께 이야기해보는 건 어떨까요?

　　소개하고 싶은 책을 발표하고 함께 듣고 싶은 노래를 같이 감상해 보는 겁니다.

아니면 노래를 직접 부르셔도 됩니다.

- 댓글 방법

  예) I / 푸티스트 / 어느 가족, 마이클 부블레의 홈

  (저는 고레에다 히로카즈 감독의 '어느 가족'을 읽으면서 마이클 부블레의 'Home'이 떠올랐습니다)

책과 음악을 함께 소개하는 이벤트였다. 음악을 경청해야 하므로 조용한 공간과 성능이 좋은 스피커는 필수다. 음악은 댓글에 미리 공지되었으므로 운영자는 블루투스 스피커와 유튜브로 음악 준비를 하였다. 총 15분 참여하였고, 13분이 발표를 해주셨다. 그중 세분은 우쿨렐레와 기타, 플루트를 연주하면서 직접 노래를 해 주시기도 했다. 책 소개와 음악까지 함께 들어야 하므로 총참가자를 고려하여 1인당 8분이라는 시간 제약을 두었다. 카페에 올라온 후기 글의 일부를 소개한다.

책과 음악에 대한 이야기들 발표는 참여 댓글을 남긴 순서로 진행되었다. '지니지니' 님께서 우쿨렐레를 들고 발표 자리에 앉았다. 그리고 악기를 잠시 내려놓고 『사랑이란 무엇인가』라는 책에 대하여 간단하게 소개했다. 내 최애 영화 중 하나인 <이터널 선샤인>에 대한 이야기가 나왔을 때는 너무 반가웠다. 그리고 직접 악기를 연주하며 부른

<Fly To The Moon>이라는 노래는 책과 너무 잘 어울렸다. 박수갈채가 쏟아졌다. 나도 악기 잘 다루고 싶다.

두 번째는 순서인 '이파리' 님은 『당신이 오려면 여름이 필요해』라는 시집에 대하여 이야기했다. 그리고 자신이 과거 학창 시절 겪었던 부조리한 사연을 이야기했을 때, 어디선가 안타까운 탄식이 흘러나왔다. 그리고 부조리한 행동을 저지른 당사자를 욕했다. 그 충격으로 이파리 님은 즐겨 쓰던 시를 한동안 쓰지 못하게 되었다는 사실이 안타깝고 공감이 갔다. 비슷한 이유는 아니지만 나도 한동안 후기를 쓰기 힘들었던 기억이 있었다. '이파리' 님은 직접 곽진언의 <일종의 고백>이라는 노래를 불렀다. 떨지 않고 차분하게 읊조리듯이 부르는 노래는 나를 추억 속으로 끌어당겼다.

세 번째 순서인 '로라' 님은 『어린 왕자』라는 책을 소개했다. 가장 좋아하는 책인데 이번에 소개하려고 예쁜 표지의 책을 새로 구입하셨다고 했다. 떨려서 자리에 앉아서 소개하시겠다고 했지만, 목소리는 전혀 떨리지 않았다. 너무 또박또박 잘 소개해주었다. 그렇게 우리는 떨린다는 말에 속는 척을 했다. 악뮤의 <그때 그 아이들은>이라는 노래가 나왔을 때는 앞서 이야기한 '이파리' 님을 위로하는 느낌이 들었다. 어쩜 이렇게 순서도 내용도 딱 맞아떨어졌을까.

그리고 노래의 비트 때문인가, 곧 나의 순서가 다가와서일까, 심장이 두근거리고 떨리기 시작했다.

네 번째 순서는 '푸티스트' 님이 『취미는 전시회 관람』이라는 책을 소개했다. 그는 직접 전시회를 관람하면서 구입했던 엽서들을 가지고 와서 테이블에 늘어놓았다. 그리고 그림을 보는 법과 전시회에 관한 이야기들을 간단하게 소개했다. BGM으로 깔린 <냉정과 열정 사이 OST>가 그가 그림을 얼마나 사랑하고 좋아하는지 더 잘 느낄 수 있게 했다.

다섯 번째 순서는 나였다. 『사랑의 기술』이라는 책과 백예린의 <그건 아마 우리의 사랑은 아닐 거야>라는 노래를 소개했다. 참석 안 하신 분들은 궁금하게 이야기는 적지 않겠다.

여섯 번째 순서는 '혹등고래' 님과 '코스모스' 님이었다. 『노자 이야기』에 대한 간단한 소개에 이어 플루트 연주와 기타 연주가 함께 어울렸다. 그리고 그 반주에 맞춰 고래 님의 <나팔꽃의 깊은 물>이라는 노래가 이어졌다. 얼루어 공식 비주얼 커플인 만큼 무대는 빛이 나고 꽉 찼다. 박수갈채가 이어졌다.

일곱 번째 순서는 '디엠' 님의 『작별인사』라는 책 소개가 있었다. 작별과 이별의 차이에 관한 이야기에 나는 어느새 고개를 끄덕이고 있었다. 그리고 악뮤의 <어떻게 이별까지 사랑하겠어> 노래가 나왔을 때는 악동뮤지션의 천재성에 감탄하고 있었다. 벌써 악뮤 노래가 두 곡이나 나왔다.

여덟 번째 순서는 'SSO' 님의 『고작 이 정도의 어른』이라는 책에 대한 간단한 소개가 있었다. 그녀는 책과 작가의 어떤 인터뷰를 짤막하게 소개해주었다. 그리고 적재의 <회상>이라는 노래를 뒤이어 들었다. 그의 굵고 달달한 목소리를 들으며 감탄했다. 우리는 오늘 조금 더 어른에 가까워지고 있었는지 모른다.

아홉 번째 순서는 '캐롤' 님의 『수학자의 아침』이라는 시집이었다. 아침형 인간인 그녀가 이전 수준의 루틴을 찾지 못하고 있으며, 과거를 바라본 채 거꾸로 걷는 것 같다는 느낌이 들었다는 말과 뒤이어 다린의 <가을>이라는 노래가 흘러나왔을 때 아무도 못 봤겠지만 나는 살짝 눈물을 훔쳤다.

열 번째 순서는 '오키드' 님의 『이유 없는 편안함』이라는 책 소개가 있었다. 짧은 시간 안에 편안함을 느낄 방법을 간단하게 소개했다. 그리고 자세한 것은 찾아볼 수 있도록 검색 키워드에 대하여도 정보를 공유했다. 그리고 뒤이어 나온 디오의 <괜찮아도 괜찮아>라는 노래는 처음 들어봤지만, 너무 좋았다. 정말 괜찮아도 괜찮을 것 같다는 생각이 들었다.

열한 번째 순서는 '아서' 님의 『쥐』라는 책에 대한 소개가 있었다. 사실 『쥐』라는 책의 줄거리보다는 그 책의 얽힌 사연이 자신의 아버지와의 관계와 유사한 점이 있어 그를 책으로 이끌었다고 한다. 남자들이 흔하게 겪을 수 있는 가정사이기도 하지만 쉽게 해결되지는 않는다. 하지만 그로 인해 아버지를 조금은 더 이해할 수 있게 되었다는 말이 좋았다.

아버지가 좋아하셨다는 'The Rolling Stones'의 <Paint It, Black>이라는 노래는 오래전 감성이 잔뜩 묻어 있었다. 우리는 어쩌면 나와 가장 가까운 사람을 이해하기를 더 어려워하고 있는지도 모른다.

열두 번째 순서는 '루시' 님이 「가지 않은 길」이라는 시에 대한 소개가 있었다. 그녀는 해당 시를 직접 프린트해서 나눠주었다. 그리고 이 시가 현재 자신의 상황과 너무 잘 맞아떨어졌고 함께 나온 'The Verve'의 <Bittersweet Symphony>라는 노래는 그 가사 말이 정말 루시 님의 상황과 잘 맞아서 놀랐다. 노래의 어떤 멜로디보다 가사가 나를 깊이 끌어당겼다. 가지 않은 길을 간다는 것에는 정말 큰 용기가 필요하다.

열세 번째 순서는 '버튼0가입인사' 님의 '박찬욱 감독'에 대한 이야기가 있었다. 박찬욱이라는 사람이 얼마나 음악에 대하여 고려하는지에 대한 이야기와 예전에 자신이 직접 만들었던 광고에 사용했던 음악에 관하여 이야기할 때 그 노고와 중요성에 대하여 느낄 수 있었다.

특히, 「헤어질 결심」에 사용되었던 정훈희 & 송창식의 <안개>라는 노래가 재생되었을 때는 영화를 만들고 노래를 삽입했다기보다 노래를 듣고 영화를 만든 것이 아닌가 생각되었다. 분명 혼자 영화를 볼 때는 느낄 수 없었던 느낌이었다.

¶ 회원들의 능력을 살려보자

얼루어 독서모임의 특징은 가능한 많은 수의 회원을 모으고, 회원들이 원할 때 원하는 모임에 참여할 수 있도록 하는 것이다. 회원 수가 많다는 것의 장점 하나는 그들 중 각자의 전문 분야를 살려서 다른 회원들에게 뭔가 도움을 줄 수 있다는 것이다. 회원 중에 저자가 있을 수도 있고, 자기 분야의 전공을 살려 강의하거나 낭독에 특기가 있는 회원들에게 낭독의 기회를 줄 수도 있다.

1. 북 토크

지난 5년간 세 분의 회원이 저자가 되었고, 우리는 새로운 책이 나올 때 '북 토크' 행사로 저자와 만나는 시간을 가졌다. 이낙원 작가의 『별, 할머니, 미생물 그리고 사랑』과 『측은한 청진기엔 장난기를 담아야 한다』,

'북 토크' 행사 모습

정효민 작가의 『마드리드 0km』, 그리고 선진영 작가의 『그린 베이커리』
가 출간되었을 때 출간 기념행사를 가졌다. 북 토크는 저자가 이야기를
끌어가는 강의 형식을 취할 수도 있고, 아니면 사회자가 주도적으로 행
사를 진행하면서 저자와 독자의 이야기를 들어가는 형식을 취할 수도 있
다. 회원 중에 독후감 발표나 축가 또는 축하 연주를 맡길 수 있다면 더
욱 좋다.

　독서모임에 참여하는 사람 중에는 글쓰기에 관심을 두고 있는 사람

이 적지 않다. 저자와 함께하는 이런 자리는 출간과정을 들을 수 있다. 저자가 되기까지 어떻게 글을 쓰는 연습을 했는지, 또 책을 어떤 과정을 통해 만드는지도 듣는 시간이 되었다.

2. 기획 강의

회원 중에 자신의 전공 분야를 살려 강의를 들어볼 수 있다. 세 번의 기획 강의를 기획했었고, 모두 호응이 좋았다. 독서모임의 취지에 맞게 책의 내용을 이해할 수 있도록 돕는 내용으로 강의를 기획했다. 과학이나 역사와 같은 분야는 전공자가 있다면 강의를 통해 세세히 책을 이해할 수 있도록 돕는 기회가 될 것이다. 우리는 칼 세이건의 『코스모스』와 브루스 커밍스의 『한국전쟁』을 회원의 강의로 들었고, 유럽에서 미술관 도슨트로 활동하시는 회원으로부터 서양 미술사 강의를 들었다.

유튜브에 워낙 전문적인 강의가 많은데 왜 이런 대면 강의가 굳이 필요할까? 생각하는 분들이 있을 것이다. 가장 큰 이유는 독서모임이라는 독서 공동체를 유지하는 에너지를 줄 수 있다는 것이다. 참여한 회원들은 전문적인 식견을 쌓을 기회고 강의를 준비하는 회원에게도 모임에 기여했다는 보람을 줄 수 있다.

3. 줌 낭독회 『소년이 온다』(2014)

2021년 5월 18일은 독서모임이 있는 화요일이었다. 독서모임 당일이 광주민주화운동을 기념하는 날이었기 때문에 『소년이 온다』로 낭독회를 하는 것이 시의성 있다고 생각했다. 그러나 코로나19 방역 지침 때문에 4인 이상 모일 수 없는 상황이었기 때문에 우리는 줌 낭독회를 계획했다. 각자의 공간에서 줌으로 만나면서, 대면 모임이 가능한 사람들은 4인이 한 조를 이루어 카페에 모이는 것이다. 우리는 카페에 다음과 같은 공지를 올렸다.

[공지] 줌 낭독회

- 때: 2021년 5월 18일 저녁 7시 30분 (1시간 30분)
- 장소: 각자의 공간
- 방법: 1부) 낭독 – 1~6장을 낭독자 6인이 번갈아서 낭독하고, 나머지 참여자들은 이어폰을 끼고 청취. 1인당 5~7분 소요. 총 30~40분 정도.

  2부) 낭독이 끝난 후 줌을 통해 토론을 이어갑니다.

  (오프라인에서 모인 분들은 4인이 한 조로 토론합니다)

댓글로 여섯 명의 낭독자를 모았다. 낭독자에게는 미리 준비한 대본을 돌렸다. 낭송 자체만으로도 책에 대한 전체적인 이해와 감정전달이 될 수 있도록 신경을 썼다. 대면 모임이 아니기 때문에 시간 관리와 발생할 수 있는 돌발 상황을 방지하기 위함이었다. 6명이 돌아가면서 주어진 부분을 낭송하고, 다른 사람들은 이어폰을 끼고 경청한다면 모임 진행은 다소 산만하더라도 무리가 없으리라 생각했다. 당일 총 13명이 참여하였고 이 중 8명은 카페에 모여서 낭독회에 참가했다.

카페는 대관한 곳이 아니었기 때문에 낭독회에 집중하기가 쉽지 않았다. 이어폰을 끼고 낭독회에 참가하도록 하면 집중하는 데 큰 무리가 없을 것이라는 예상은 빗나갔다. 낭독회는 목소리만 전달하는 것은 아니었다. 표정과 함께 전달되는 감정, 공간을 타고 전해지는 분위기 등 총체적인 무엇이 전달되고 공유되는 모임이다. 아무리 소음을 차단하더라도 이어폰을 통해 듣는 낭독회는 한계가 있었다. 시도는 좋았으나 한계는 뚜렷했다는 것이 참여한 사람들의 평가였다. 줌 모임은 정보를 전달하는 강연회라면 모를까, 감정과 그 이상의 무엇이 전달되어야 하는 낭독회로는 적절치 않다. 우리가 진행했던 줌 낭독회 대본의 일부분을 다음에 소개한다.

〈 5장. 밤의 눈동자 〉

5장의 화자 '당신'은 동호와 함께 시신 돌보는 일을 했던 선주입니다. 1980년 5월. 스무 살의 나이에 당신은 광주에서 미싱사로 일하고 있었습니다. 그리고 도청 강당에서 시신을 돌보는 일을 하였고, 마지막 가두방송에 참여하였습니다. 당신은 계엄군에게 체포될 당시 총기를 소지하고 있어서 보안부대로 이송되어 온갖 고문을 당합니다.

당신은 스무 살이 되기 전, 청계 피복공장의 노동자였을 때 성희 언니를 알게 되었습니다. 성희 언니로부터 노동법을 배웠고, '우리는 귀한 존재'라는 것을 알게 되었습니다. 당신이 광주에서 미싱사로 일하게 된 것은 노조 운동을 하다가 사복경찰에 의해 폭행당하고 해고된 이후였습니다. 과거 노조 활동을 했던 경력 때문에 당신은 일반 여성들과 분리되어 고문 받았습니다. 그들은 당신을 북한과 연관된 각본을 꾸밀 대상으로 지목했던 것입니다. '사 년 동안 지방 도시의 양장점에서 숨어 지내며 간첩 지령을 받아왔다는 각본을 완성하기 위해 그들은 날마다 당신을 조사실 탁자에 눕혔고, 당신이 하혈 끝에 의식을 잃을 때까지' 그들은 멈추지 않았습니다.

그리고 20여 년이 지난 시점인 지금 시민단체에서 일하고 있습니다. 5·18 관련 논문을 쓰는 윤 선생은 당신에게 당시의 기억을 증언해 주기를 요청합니다. 구속되었던 여성 중에 증언하는 사람들이 없기 때문입니다. 당신의 책상에는 윤 선생이 보내온 휴대용 녹음기와 테이프가 놓여있습니다. 그러나 당신은 녹음기라도 증언할 수가 없습니다. 10년 전에도 '증언'을 거부했었고, 이 문제로 성희 언니와 다툰 후 만나지도 않았습니다. '그게 그렇게 어려운 일이니?'라고 반문하는 언니를 당신은 이해할 수 없었습니다. 심장에 시멘트를 붓듯, 관계를 닫아버리고 돌아

섰습니다. 166쪽 낭독하겠습니다.

- 낭독 -

166쪽 "그것이 어떻게 가능한가." ~ 167쪽 "오직 살아남기 위하여"

4. 복면 글쓰기(I를 위한 모임)

[공지] 복면 글쓰기란?
복면을 쓴 서로의 글을 감상하는 이벤트입니다.

• 주제: 내게 '책'(독서, 독서모임)이란? or 자유주제
　(자유주제는 감점요인이 될 수 있습니다)

1. 소설, 시, 에세이, 일기, 편지 등 어떠한 형식의 글이라도 가능합
　니다. A4 용지 한 장 정도의 분량을 작성하여 9월 25일 일요일
　까지 0000@naver.com으로 보내주시면 됩니다.
2. 메일을 모은 자는 9월 26일 월요일, 메일을 보낸 회원들에게
　메일 일괄발송.
3. 메일을 수신하신 분들은 참가 글들에 적당한 분량의 코멘트를
　적어 10월 2일 일요일까지 개인 연락, 쪽지, 메일 등으로 보내주

시면 통합하겠습니다. 작품마다 한 문장 정도의 코멘트를 곁들여 주시면 오프라인 모임이 더욱 풍성해질 듯합니다.

(가장 자신의 마음에 들었던 작품을 선정해 주세요)

4. 오프라인 모임: 10월 4일

글쓰기에 참여하신 분들에게는 10월 4일 오프라인 모임에 참여할 수 있는 자격이 부여됩니다. 원하지 않으시면 참석 안 하셔도 됩니다.

- 가장 선호도가 높은 작품에는 롯데백화점 10만 원 상품권이 수여됩니다. 참가자 전원에게는 화요모임 참가비용 50% 할인권이 제공됩니다.

　

복면 글쓰기는 MBTI의 성향 중 I(내향적 사람)를 위한 모임이다. 일반적으로 독서모임에 참석하는 데 필요한 성향은 I보다는 E다. 독서모임에 참여하기 위해 카페에 나와야 하고 대화하면서 자신을 드러내야 한다. 글쓰기는 더욱 그렇다. 글의 문체와 소재와 내용에는 고스란히 자기 삶과 글의 이력이 드러날 수밖에 없다. I의 성향이 있는 사람에게 자신의 글을 공개한다는 더욱 어려운 일이다. 그래서 우리는 글쓰기 모임을 처음부터 끝까지 자신을 숨긴 채 진행해보기로 하였다. 단 한 명의 운영자가 참여 회원들의 글을 모아 배포하고, 회원들의 비평을 모아 재배포하는 것이다. 누구의 글인지 모른 채 읽어 보고 감상을 달게 된다. 오프라인 모임에서도 자신을 드러낼 필요는 없다.

우리는 두 차례 복면 글쓰기를 진행했다. 첫 모임에서는 네 명의 회원이 참여했고, 두 번째는 열세 명의 회원이 참여했다. 자신을 드러내지 않는다는 것이 원칙이었고, 오프라인 모임 참석도 자유다. 참석하더라도 자신이 쓴 글이 무엇인지 드러낼 필요는 없다. 대화가 오가면서 누구의 글인지 알게 되는 경우가 많았지만. 자신을 숨긴 채 글을 나눠보는 복면 글쓰기는 회원들의 참여를 유도하는 방법으로서는 매우 좋았다. 아마도 호기심을 유발한 것도 한몫한 것 같다. 가장 호평을 많이 받았던 글을 하나 소개한다.

〈 비밀 〉

연휴 후에 출근길이 오히려 가볍다. 딱히 갈 곳이 마땅치 않았기에 추석 연휴는 너무 길었다. 언제나처럼 30분 정도 이르게 출근한 후 종이컵에 믹스 커피를 붓고 휘휘 저었다.

"뭐 했어?"

김 팀장이다. 그녀는 언제나 기묘한 향수 냄새와 함께 기척도 없이 미끄러지듯 다가온다. 뭐 했냐고? 출근했다. 커피를 마시려는 중인데 당신이 내 고요와 여유를 깨고 있는 중이지. 그렇게 생각했지만 원하는 답을 해 주었다.

"그냥. 잠 많이 잤죠. 뭐."
"젊은 사람이 만날 잠은. 날 좋은데 어디든 가고 그래야지. 그래야 인연도 생기는 법이야."

예. 예. 적당히 마무리를 짓고 밖으로 나왔다. 선선한 가을 아침 공기에도 커피가 아직 식지 않았다. 역시 커피는 맥심.

이제는 오지랖 넓은 김 팀장 정도가 포기하지 않고 내게 말을 건다. 회사에서는 일만 했으면 한다. 실없는 대화로 시작되는 인간관계는 과거의 나를 질리게 했다. 그런 나를 알 리 없는 직장 동료들은 내게 말을 걸었다. 시작은 대부분 '뭐 했어?' 주말에는, 어젯밤에는 뭐 했어? 그들은 대화가 이어지기를 원했다. 어젯밤 네가 본 우영우를 얘기해다오. 그럼 우리의 대화는 이어질 수 있단다. 주말에 네가 다녀온 곳을 말해다오. 그러면 나도 내가 추천할 만한 곳을 말해줄 수 있단다. 정적인 데다 TV도 보지 않는 나는 처음엔 솔직히 말했다.

"책 봤어요."

서로를 감싸던 공기가 급속히 굳어진다. 책? 어떤 책을 봤는지 궁금해하는 사람은 없다. 순간, 거리를 둔 상대의 눈동자에서는 걱정이 스쳐 간다. 얘가 갑자기 인간의 존엄성을 따져 들면 어쩌지, 페미니즘 논쟁이라도 펼치자고 달려들면 어쩌지? 하는 표정.

"아, 책을 보시는구나…."

대화는 거기서 끝이다. 상대방은 어색하게 미소 짓고는 무빙워크에 처음 올라탄 아이처럼 서툴게 걸어 사라진다. 솔직함은 이따금 예상치 못한 방지 턱과 같아서 잘 굴러가던 일상을 내려앉게 한다. 적당히 한두 마디로 끝낼 수 있는 대화가 필요했다. 그 결과, 나는 평일 밤에는 일찍 자고 주말에는 종일 누워 있는 늘 피곤한 사람이 되었다.

그러므로 책은 내게 비밀이다. 책을 좋아한다고 말할 수 없다. 춥고 더운 계절에 맞춰 적정온도를 유지하는 도서관에 앉아 햇살을 받으며 책을 읽는 것을 사랑한다고 말하지 못한다. 그렇지만 언제까지고 그리 지낼 순 없었다. 다자이 오사무(太宰治)가 말했던가.

저는 인간을 극도로 두려워하면서도 아무래도 인간을 단념할 수가 없었던 것 같습니다.

나는 그 말을 사무치게 공감한다.

독서모임에 나가는 이유이다. 독서모임은 나와 같은 비밀을 공유하는 일종의 비밀결사대 같은 느낌이다. 그들과의 대화에, 뒤풀이 때 즐기는 맥주 한잔에 종종 위안을 받기도 한다.

비밀결사대 모임 날. 회사에서 돌아온 나는 옷을 훌훌 벗어 던지고 책 한 권을 들었다. 그리고 며칠 전부터 준비한 이야기를 머릿속으로 되뇌어본다. 큰 맘 먹고 지른 시계와 목걸이를 풀어 놓고, 아직 정리하지 못한 새로운 업무의 프레젠테이션은 기억 구석으로 밀어두었다. 신분증도 무겁다. 거추장스러운 것들은 필요 없는 모임이다. 참, 그래도 완전히 나를 놓을 순 없으니까 부끄러움만 가릴 수 있는, 화려하지 않은 팬티 한 장을 걸친다. 그거면 됐다. 하지만 어떤 이들은 똑소리 나는 재킷과 물결치는 블라우스, 슬렉스 정장을 차려입고 또각 소리를 밝히며 모임에 참여한다. 묻지도 않은 나이와 직업을 얘기하고 최근에 시작한 사업과 모임을 홍보한다. 자신의 전공을 앞세워 책 이야기를 하길 원하고, 긴 연휴에도 불구하고 하라는 독서모임은 안 하고 자기가 좋아하는 영화를 보자고 공지한다.

두렵다. 하지만 단념할 수가 없다. 나는 나를 잊으려고 책을 보지만 어떤 이는 자신을 잊지 않으려고 책을 보는 것일지도 모르기에.

나는 나만의 비밀결사대가 오랫동안 지속되길 바란다.

5. 납량특집 - 무서운 이야기를 들려주세요

EVENT 납량특집 '무서운 이야기를 들려주세요' 공지

- 때: 2022년 7월 19일 저녁 7시 30분 (1시간 30분)
- 장소: 주니카페
- 썰렁함과 오싹함으로 더운 여름을 함께 이겨내 볼까요? 책에서 알게 된 썰렁한 이야기나 무서운 이야기, 누군가에게 듣거나 직접 경험한 오싹한 이야기를 함께 나눠보시죠. 더위에는 독서도 잘되지 않습니다. 무더운 7월 19일 저녁, 핏빛 도는 와인 한잔하며 이야기 나눠보는 시간을 마련했습니다. 모임이 끝난 후에는 투표합니다. 더위를 잊게 해준 최고의 발표 회원에게 3만 원 상당의 문화상품권을 선물합니다.
- 참여방법은 발표와 참여로 나누겠습니다.
  예) 1 / 이푸름 / 발표

   2 / 이푸름 / 참여

일 년에 한 번 정도라면 해볼 만한 것 같다. 가장 덥고 습한 날 중의 하나를 골라 진행해보는 것이다. 우리는 미리 준비한 와인과 테이블 위의 촛불 조명하에 모임을 진행했다. 무서운 이야기는 꿈 이야기부터, 소설, 실화 등 다양한 소재로 이루어졌고, 배경음악을 준비해 온 회원도 있었다. 회원들의 비명 리액션은 훌륭한 사운드가 되었다. 가장 소름 돋는 이야기를 들려주었던 회원에게 작은 선물도 증정했다.

¶ 책을 들고 밖으로

1. 영종도 야외 독서모임

영종도 야외 독서모임

- 일시: 2017년 10월 28일 토요일 13시 출발
- 장소: 카페 앞 주차장
- 회비: 15,000원

매주 모일 수 있는 카페와 계약이 되어 있다는 건 독서모임을 진행할 때 큰 장점이 된다. 그러나 가끔은 자연을 즐기고 맛있는 음식도 먹으면서 회원들 간의 끈끈한 친목을 위해 장소를 바꿔서 모임을 진행해보는 것도 좋은 방법이다. 우리는 야외에서 독서모임을 한 후 저녁 식사까지 함께 가져보기로 하였다.

모임 초기에 진행한 행사였다. 운영진이 만들어지고 첫 행사이기 때문에 준비하는 운영진들도 서툴렀고 의외로 준비해야 할 것들이 많았다. 우선 독서모임을 할 수 있는 장소 섭외가 가장 중요했다. 독서모임의 인원을 넓혀보려는 취지에서 최대한 많은 인원이 함께했으면 하는 바람으로 출발하는 전날까지 참석 댓글을 받았다. 몇 명이 참석할지는 알 수가 없었기 때문에 최대한 많은 인원이 들어갈 수 있으며 독서모임이 가능하고 분위기까지 좋은 대형카페를 찾아야 했다. 다행히도 영종도에서 바다가 보이는 대형카페를 찾기는 어렵지 않았다. '마시랑'이라는 카페는 별채가 따로 마련되어 있어서 독서모임을 진행하기에 무리가 없어 보였다.

식당 섭외도 마찬가지였다. 많은 인원이라 바다 근처 식당은 장소도 그렇고 비용도 만만치 않았다. 바닷가로부터 외각으로 조금 떨어진 곳에 적당한 식당을 찾을 수 있었다.

다음으로 차량이 필요했다. 영종도는 차량으로만 이동이 가능하기 때문에 많은 인원이 움직일 수 있는 차량 대여가 필요했다. 대형버스는 비용이 만만치 않아서 차량이 있는 운영진이 참여 회원 중 차량이 있는 회원 6명을 섭외했고, 각 차량에 3명씩 인원을 배치했다. 평소에 모아둔 회비로 톨게이트 비용과 기름값을 지원했다. 20명이 넘는 회원이 무리 없이 이동할 수 있었고 후발대 참석회원들은 따로 자신의 차를 타고 이동해서 모여, 총 30명에 가까운 회원이 참석했다.

돌이켜보면 처음 진행되는 이벤트 모임이다 보니 미흡한 점이 많이 보였고 보완해야 할 여러 부분이 보였다. 그러나 '영종도 야외모임'을 시작으로 새로운 모임을 열 수 있는 용기가 생겼고 주기적인 야외모임을 할 수 있는 동기부여가 되었다.

2. 인천대공원 야외 독서모임

EVENT '인천대공원 야외 독서모임' 공지

- 2019년 5월 11일 토요일 오후 2:30
- 장소: 인천대공원 백범광장(인천 대공원역 3번 출구)
- 회비: 5,000원 예상(모임이 끝나고 추가 금액은 따로 정산)

봄은 독서모임 회원의 참여가 가장 저조한 계절이다. 활짝 핀 벚꽃의 낭만과 꽃들의 경이로운 발화 앞에서 제아무리 책이라 할지라도 밖으로 나가는 회원을 막을 방법이 없다. 그래서 봄을 즐기러 나간 회원들을 카페로 불러 모으기보다 우리가 밖으로 나가서 독서모임을 해보기로 했다.

우선 예약이 되지 않는 인천대공원은 자리 선점이 중요했다. 운영진은 스무 명 정도 모일 수 있는 장소를 미리 찾기 위해 사전 답사를 다녀와야 했다. 모임이 시작하는 당일 3시간 전, 운영진 한 명에게 답사 때 보았던 자리를 미리 선점하고 돗자리를 깔아 넓은 장소를 사용할 수 있도록 기본적인 준비를 부탁했다. 또 다른 운영진은 표지판 역할을 담당했다. 5월에 대공원은 정말 사람이 많다. 많은 인파 속에서 회원들이 헤매지 않도록 모임 공지 글에 길 안내를 해주는 운영진의 인상착의를 적어두어 회원들이 장소를 찾는 데 어려움을 겪지 않도록 했다. 약속 시각까지 모든 회원이 모였다. 다섯 명씩 조를 나누어 원하는 장소에서 독서모임을 할 수 있도록 돗자리 제공과 준비된 음료, 다과를 인원에 맞춰 나눠주었다. 독서모임은 평소 방법과 동일하게 진행되었다.

여기까지는 큰 문제가 없었지만 가장 준비가 어려웠던 건 뒤풀이 방식이었다. 인천대공원은 쓰레기통이 없기 때문에 뒤풀이 음식을 따로 준비해서 먹기에는 어려움이 있었다. 아무리 새로운 장소라 할지라도 한 장소에 오래 머무르는 건 모임이 지루해질 수 있기 때문에 미리 찾아놓은 식당으로 이동해야만 했다.

사람들이 붐비는 대공원 근처에서는 예약을 받아주는 식당을 찾기가 어려웠다. 사전 답사를 담당했던 운영진은 식당에 손님이 가장 적은 시간대를 알아보았고 독서모임이 끝나는 시간을 식당이 한적한 시간대에 맞췄다. 모임이 끝나고 식당에 도착하니 의도한 대로 많은 인원이 앉을 수 있는 자리가 마련되어 있었다. 인천대공원 야외모임은 막걸리를 마시고 두부김치, 파전, 골뱅이 소면을 곁들여 먹으며 흥겨운 분위기 속에서 마무리되었다.

사람이 많이 모이는 혼잡한 장소에서 모임을 하는 경우나 예약이 되지 않는 식당 때문에 어려움을 겪고 있더라도 해결책은 분명 찾을 수 있다. 장고 끝에 악수를 둔다고 하지만, 모두의 머리를 맞대며 하는 장고는 해결책을 찾아낸다. 자리를 먼저 맡아주고, 회원들에게 길 안내를 해주고, 가볍게 먹을 수 있는 다과와 음료를 함께 준비하니 야외모임 진행에 큰 어려움이 없었다. 야외모임은 누군가 혼자서만 진행하기에는 어려움이 있다. 항상 함께해주는 사람들이 있어야 자연스러운 진행이 가능하다.

3. 등산모임

EVENT '같이 등산해요. 00산' 공지

- 일시: 2021년 6월 6일 (일요일) 11시 30분
- 장소: 00역 0번 출구에서 모여요.
- 회비: 없음.
- 댓글로 참석 여부를 알려주세요.
  이렇게 남기시면 됩니다.
  예시) 1. 닉네임 / 참석

    등산모임은 독서모임의 운영진이 아닌 일반 회원이 주체한 이벤트성 모임이었다. 카페에 글을 쓸 수 있는 권한은 누구나 있기 때문에 자유롭게 모집 글을 올릴 수 있다. 다만, 사전에 운영진과 상의를 한 후 동의를 구한 후 진행해야 한다. 아무 상의 없이 개인적으로 올리는 회원들도 간혹 있지만, 실패를 한번 경험하게 되면 다음 이벤트성 모집 글을 올리기 쉽지 않다. 얼마간 아예 모임에 발길을 끊기도 한다. 특히, 독서모임에 성실히 참석한 사람이 아닐 경우에는 참석자가 거의 없을 수 있다. 이런 이벤트성 모임을 할 때 중요하게 고려해야 할 것 중 하나는 확정 참석자

가 얼마나 될 것인지가 관건이다. 등산모임을 주최하였던 회원은 몇 달간 성실히 참석했고 사람들과의 유대를 형성한 상태였다. 그리고 모임을 주최하게 얼마 전부터 등산모임에 대하여 홍보하며 참여 의사를 확인했다. 이날 등산모임은 3일 전에 공지가 올라왔다. 게다가 토요일 정기 독서모임 다음날인 일요일 오전 등산이었다. 처음 운영진들은 회의적인 반응이었다. 그래서인지 실제 운영진 중에 참석한 인원은 아무도 없었다. 이 부분은 독서모임을 운영하는 운영진으로서는 실수였다고 생각되는 부분이다. 사고를 방지할 사람이 없다는 것은 꽤 큰 리스크이다. 하지만 다행히도, 등산모임은 제법 성공적으로 진행되었다.

초여름이었기 때문에 오전에 등산하고 점심을 함께 먹는 일정이었다. 11시 30분쯤 근처 전철역 입구에서 모여서 함께 출발했다. 복장이나 준비물은 따로 정해진 것 없이 개인에게 맡겼다. 최초 계획은 1시간 정도 소요되는 작은 산을 등산 후 바로 근처의 맛집으로 가는 일정이었다. 하지만 등산모임에 참여한 회원 중 평소 등산을 즐겨 하는 회원이 있어서 정상에서 잠시 쉬어가면서 막걸리, 간단한 간식 등을 나눠 먹었다. 계획한 것도 아니었고 정말 즉흥적으로 이루어졌다.

정상에서 잠시 휴식시간을 갖고 다시 도보로 20분 정도 걸어서 근처 맛집으로 이동했다. 메뉴는 더운 여름날 등산 후에 딱 맞는 막걸리, 녹두전, 김치말이 국수였다. 기획한 회원이 이미 맛집까지 선정해둔 상태였다. 전체적인 모임은 기획한 회원의 주도하에 이루어졌고 아무도 불평, 불만을 가진 인원이 없었다. 모두 만족스러워했다.

모임은 점심 식사까지 진행하고 끝이 났다. 그 뒤에는 각자 마음에 맞는 사람들끼리 시간을 갖거나 집으로 돌아갔다. 등산모임은 성황리 끝났지만, 다음 모임은 진행되지 않았다.

오히려 해당 모임에 참여했던 회원 중 한 명이 등산모임이 있었던 1주일 후 경기도 근교로 드라이브를 가는 모임을 주최했지만, 전혀 반응이 없이 끝이 났다. 모임을 주최한 회원이 남자라는 이유였을 수도 있고, 근교로 자가용을 이용해서 나가야하는 번거로움 때문일 수도 있겠다. 아니면 해당 회원이 독서모임을 자주 나왔던 인원이 아니었을 수도 있다. 어쨌든 복합적인 이유라고 생각되지만 그 이후 다음 모임은 없었다. 운영진이 아닌 회원이 주최한 모임은 연속적인 모임으로 이어지기는 어려울 것 같다.

4. 와인 & 철학 모임

<u>와인과 함께하는 철학 모임</u>

• 7/4(일) 야외에서 돗자리 펴고 대화 나눠요 :)
• 장소: 송도 신도시 공원 내 그늘진 곳

- 일시: 2021년 7월 4일 오후 2시~6시

  (1시 30분쯤 만나서 같이 와인 사러 가요)
- 비용: 인당 15,000원 ~ 20,000원 예상
- 안주: 미정
- 인원: 선착순 6명(7/1 일부로 6인까지 인원 제한이 완화됩니다. 인원 제한 관

  계로 최근 한 달간 독서모임에 2회 이상 참여한 분만 참석 가능합니다)
- 댓글로 참석 여부를 알려주세요. 이렇게 남기시면 됩니다.

  예시) 1. 닉네임 / 참석

우리 모임의 고정 장소를 벗어나는 이벤트성 모임 중 일부는 운영진이 아닌 최근 6개월 이내(정해진 것은 아니지만, 통계상 그렇다) 활발히 활동하는 인싸 회원의 주도로 이루어진다. 운영진의 경우 여러 가지 사항을 고려하거나 더욱 큰 이벤트를 기획하다 보면 여러 가지 제약에 부딪히는 경우가 많다. 다른 운영진들의 의견도 들어야 하고, 기존에 진행하던 주기적으로 다가오는 이벤트를 준비해야 하기 때문일지도 모르겠다. 혹은 반드시 책과 관련된 이벤트여야 한다는 중압감을 가지고 있어서 좀 더 다채로운 이벤트는 쉽게 성사되지 못하는 경향이 있다.

위의 다른 이벤트성 모임에서도 잠시 언급했지만, 이러한 이벤트성 모임은 정기적 모임과 다르게 최소 4명 이상 예정된 참여자를 확보해야 성공률이 높다. 다음에서 언급하는 규칙들이 상당히 잘 지켜졌다.

● 어떤 방식으로 이벤트를 준비하고 사람들을 모았나?

그 회원은 와인 & 철학 모임을 주도하기 2~3주 전부터 주변에 참석할만한 사람들을 포섭하기 시작했다. 자유도서모임이나 뒤풀이에서 인문학, 철학 등에 관심이 있는 회원들에게 와인 & 철학 모임에 대한 이벤트를 넌지시 던지면서 자신이 기획하고 있는 이벤트성 모임에 관해 홍보했다. 그리고 참석 확정 인원이 4명을 넘어서자 정확한 날짜를 공지했다. 그리고 선착순 공지를 사용하여 사람들의 조급한 마음을 자극했다. 이것은 내가 빨리 댓글을 달지 않으면 이벤트에 참석하지 못 한다는 생각을 이끌어내는 전략이었다.

그리고 그 회원이 예상한 대로 공지를 올리고 3일 만에 예정 인원이 모두 정해졌다. 일반적으로 이런 이벤트성 모임은 참석 인원을 살피느라 바로 전날까지도 댓글을 미루는 회원들이 종종 보인다. 하지만 선착순과 인원 제한 방법이 효과적이었던 것 같다. 바로 전날 토요일에 독서모임이 있었는데도 불구하고 말이다. 토요일, 일요일 연속으로 참여한 사람도 있었고, 일요일 와인 & 철학 모임에만 참석한 인원도 있었다. 성공적인 마케팅이었다고 생각된다.

● 이벤트는 어떻게 진행되었나.

모임은 하나부터 열까지 그 회원의 주도로 진행되었다. 당초 야외에서 진행될 예정이었으나, 갑자기 그 전날 비가 내렸다. 당일 약속 시각에는 비가 그쳤지만, 야외에서 돗자리를 펴고, 이야기를 나누겠다는 처음 계획을 진행하기는 어려워졌다. 그래서 급히 송도 모처에 있는 와인과 커피를 함께 파는 카페로 장소를 변경하고 계획을 수정했다. 자리를 잡고 안주를 주문했다. 술은 와인이 없어서 맥주나 취향에 맞는 음료들을 주문했다. 그리고 지정된 책 없이, 모임을 주도한 회원이 철학적인 질문들을 준비해서 서로의 의견을 공유하는 형식으로 진행되었다. 책을 읽지 않고 와도 되고 따로 준비할 것이 없기 때문에 참여자들에게 부담이 훨씬 적었다. 모임을 주도한 회원이 장소, 시간, 내용까지 전부 준비했기 때문에 참여자들이 부담이 없었던 것이 이벤트성 모임의 성공 요인 중에 하나라고 볼 수 있을 것 같다.

다만, 이런 이벤트성 모임에는 처음 참석하는 회원은 참여하기 어려운 부분이 있다. 일단 주제가 철학에 관련된 것이었기 때문에 어려울 것이라는 참석자들의 인식이 은연중에 존재했다. 그리고 순수하게 자신의 의견을 이야기하기 때문에 평소 철학에 관심이 없거나, 자기 생각을 논리적으로 표현하기 어려운 사람은 지레 겁을 먹을 수 있기 때문이었다. 이날도 참석회원 중 1명을 제외하고는 평소에 자주 보던 얼굴이었다. 처음 얼굴을 본 회원은 평소 철학에 관심이 있고, 자신의 의견을 표현하는 데 어려움이 없는, 토론을 좋아하는 회원이었다.

우리는 서로의 철학적 의견을 나누고, 토론이 되었다가, 토의가 되었다가, 장르를 바꿔가면서 맛있는 안주와 와인 한잔을 곁들였다. 이렇게 시간 가는 줄 모르고 이야기를 나누다가 저녁 6시가 다 되어서야 끝이 났다. 그리고 집으로 돌아가는 길, 우리는 이럴 줄 알았으면 저녁까지 먹을 걸 그랬다고 너스레를 떨었다. 약간의 실수는 있었지만, 마무리까지 나쁘지 않게 재미있게 끝이 났다. 하지만 그 이후 두 번째 모임은 없었다. 코로나로 인하여 모일 수 있는 인원 제한이 계속 변경되었다. 반응이 좋았던 모임이었지만 주도할 회원이 없다는 이유로 두 번째 모임은 없었다. 독서모임에 참여하는 회원 중의 많은 인원은 소극적인 성향을 가졌는지도 모르겠다.

¶ 일 년에 한 번은 정리하는 시간을

1. 새 출발을 위한 마무리

일 년에 한 번은 정리하는 시간을 갖는 것이 필요하다. 마침표를 찍고, 지난 일 년을 회상하며, 새 출발을 위한 계획을 세워보는 일은 독서모임에서도 중요하다. 그간 우리가 했던 마무리 행사의 내용에 대체로 빠짐없이 등장했던 내용이 있다. 가장 많이 참석한 회원, 가장 많은 후기를 남겼던 회원, 가장 많은 댓글을 받았던 회원 등을 뽑아 축하도 해주고 소감도 들어보는 일이다. 수고했던 운영진에게 격려와 감사의 마음도 전하는 시간도 가졌다. 모두 모임의 미래를 위해 필요한 일들이다. 우리는 독서모임의 '마무리' 시간에 필요한 것들을 고민했고 아래에 정리해보았다.

● 독서모임 일 년 정리하기

자유도서모임 ○회, 지정도서모임 ○회, 이벤트 ○회 등 전체적인 모임을 결산한다. 사진도 돌아보고, 재밌었던 후기를 나누는 것도 좋다.

● 회원들이 가져온 책들을 돌아보기

회원들이 가져온 책들의 목록을 나열해보고, 인기 있었던 책들을 살펴본다. 가장 많이 선정된 책을 찾아보고, 그 이유를 찾아보는 것도 좋다.

● 일 년간 있었던 이벤트 돌아보기

함께 했던 활동들을 돌아보는 일이다. 사진을 다같이 함께 돌아보는 일은 필수.

● 책 교환 시간

읽은 후 책장의 공간만 차지하고 있는 책들이 있다. 한두 권씩이라도 가져와서 읽은 책을 내어놓고, 읽을 책을 가져가는 시간을 가져보는 것도 좋다.

'마무리 시간'은 자연스럽게 연말의 송년회가 되기 마련이다. 우리가 진행했던 송년회 중 가장 인상 깊었던 행사를 하나 소개한다.

〈 개츠비와 함께하는 송년회 〉

2018년 연말이었다. 운영진들이 모여 송년회 준비를 하던 중 이번 송년회는 책과 관련된 방향으로 치러보자는 의견이 나왔다. 많은 논의 끝에 우리는 주제 도서를 『위대한 개츠비』로 정했고, 행사 당일 참석자는 책 속에 나오는 등장인물 중 한 명을 선택해서 자신만의 방식으로 표현해 보는 드레스 코드도 준비했다. 이런 드레스 코드의 이유는 두 가지였다. 첫째는 무엇보다 오랫동안 고생한 회원들에게 선물이 될 만한 행복한 시간을 선물하기 위함이었다. 열심히 책을 읽고 발제문을 준비했던 회원들을 격려하고 자축하는 시간이 되어야 하는데, 오직 송년회에 나와 즐겁게 놀다 자취를 감추어버리는 회원들이 상당히 있었던 것이 사실이다. 드레스 코드라는 문턱을 주는 것은 책을 읽고 와야 한다는 독서모임다운 성격을 유지하기 위함이고 동시에 독서모임에 애정이 있는 회원들에게 참석의 기회를 더 부여해주기 위함이었다. 우리는 송년회 프로그램 중에 회원들 간의 선물 교류와 게임과 퀴즈 문제를 통해 경품을 받아 갈 기회도 마련했다. 특정 옷을 입어야 한다는 것이 자칫 부담으로 작용해 참석률이 저조할까 하는 걱정도 있었으나 막상 행사 당일 참석 인원을 보니 그런 걱정은 기우였다. 30여 명의 회원이 카페 가득 모였다. 게다가 의도 의상의 효과도 거두었다. 의상이 오히려 분위기를 발랄하게 만들었다. 어떤 회원은 클래식한 흰 정장을 위아래로 입고 오면서 '나는 개츠비야'라고 소개하기도 했고, 자신을

'조던 베이컨'이라 소개하며 골프복을 입고 온 회원도 있었다.

그리고 퀴즈 시간에는 책을 좋아하는 사람들을 위한 도서 상품권을 선물로 걸어 두었다. 그래서 그런지 이 시간은 마치 전쟁과도 같았다. 너도나도 문제를 맞히기 위해서 손을 들었고, 보이지 않는 곳에서는 대학교 오픈 북 시험을 보는 것처럼 정신없이 정답을 찾고 있는 모습이 보였다. 문제와 정답은 부록(181쪽, 〈『위대한 개츠비』 퀴즈 문제〉)에서 소개하겠다.

그리고 송년회의 하이라이트는 선물 교환 시간이었다. 만 원 이하의 선물이나 자신에게 의미 있는 물건을 들고 와서 랜덤으로 교환해보는 시간을 준비했다. 독서모임이라 그런지 가장 재밌게 읽었던 책을 가지고 온 사람이 많았다. 또, 자신이 직접 쓴 책을 가지고 온 사람도 있었고 직접 만든 컵과 손 편지를 써서 선물한 사람도 있었다. 어떤 남성 회원은 귀여운 토끼 인형을 준비했었다. 누군가를 생각하며 준비했을지는 모르지만, 그 인형의 주인은 다른 남성 회원이었다. 남자가 남자에게 귀여운 토끼 인형을 주는 아름다운 모습은 쉽게 볼 수 있는 상황이 아니다. 그러나 우리 모임은 이런 모습을 끌어냈고 그로 인해 웃음바다가 되었다.

준비한 행사가 모두 마무리된 이후는 회원들 각자의 시간으로 보냈다. 평소 대화를 나누고 싶었던 사람과 함께 시간을 보내기도 하고, 서로에게 쌓였던 오해를 풀기도 했다. 이곳저곳에서 와인 잔이 부딪치는 소리가 들렸고 웃음소리가 끊이지 않았다.

무엇보다 중요한 것은 그 방식을 선택했다면

올바른 방향으로 나아갈 수 있도록

유지하는 힘을 갖춘 사람이 운영진이어야 한다는 것이다.

– 본문 내용 중에서

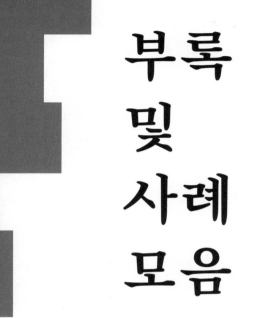

부록
및
사례
모음

_ 지정도서모임 – 생각할 거리 모음

_ 북 디베이트 / 북 배틀 사례 모음

_ 영화읽기 사례 모음

_ 『위대한 개츠비』 퀴즈 문제

¶ 지정도서모임 – 생각할 거리 모음

▤ 『프랑켄슈타인Frankenstein』(1818), 메리 셸리 지음

1. 소설을 접하지 않았다면 프랑켄슈타인은 각지고 흉측한 얼굴에 관자놀이에 나사가 박혀있는 모습을 떠올렸을 것입니다. 하지만 소설 속 프랑켄슈타인은 우리가 알고 있는 프랑켄슈타인과는 다릅니다. 원작 소설을 접하기 전과 지금, 프랑켄슈타인을 대하는 생각이 달라진 것이 있습니까?

2. 작중 화자는 크게 세 명입니다. 선장과 박사, 그리고 괴물. 이 셋의 공통점은 아마 고독일 것입니다. 세 인물 각각의 고독 중 공감되는 인물과 그 이유에 대해 말해 본다면?

3. SF소설의 효시라고 일컫는 이 작품은 화두가 많습니다. 과학과 윤리의 경계, 주의의 혐오가 만들어낸 증오로 가득 찬 괴물. 나와 다른 사람을 밀어내는 사회문제. 환경과 교육의 중요성 등. 책을 읽고 현대사회와 연계되는 가장 큰 화두는 어떤 것으로 생각합니까?

☰ 『동급생Reunion』(1971), 프레드 울만 지음

1. 주인공은 과거를 회상하며 이야기를 차곡차곡 쌓아가다가 현재로 돌아
    와서 반전이라고 할 만한 결말에 이릅니다. 복선이라고 느꼈던 장면이나
    문구가 있다면?

    » 해당 구절
    아마도 어느 날엔가는 우리의 길이 다시 서로 만나겠지. 언제까지나
    항상 너를 기억할게. 친애하는 한스! 너는 내게 크나큰 영향을 미쳤
    어. 나에게 생각하는 법과 의심하는 법을 가르쳐 주었고 의심을 통
    해 우리 주님과 구세주 예수 그리스도를 찾는 법도 가르쳐 주었어.

2. 작품 속 한스와 콘라딘은 두 번의 갈등을 겪습니다. 불이 난 이웃집을 본 충격으로 인한 종교적 갈등(like 데미안?)과 콘라딘이 일부러 그의 부모님과 한스를 마주치지 않게 한 일. 둘의 논쟁 중 누구의 의견에 동의합니까?

» 해당 구절

그는 내게 악에 대해서, 추악함이 없이는 아름다움도 없듯이, 우리가 선의 진가를 알려면 악이 필요하다고 이야기했지만 나를 납득시키지는 못했고 우리의 대화는 교착 상태로 끝났다.

너는 누구에게나 네 이상적인 우정에 따라 살아야 한다는 원칙을 너무 심하게 세워! 너는 단순한 사람들에게 너무 많은 걸 기대해. 내 소중한 한스. 그러니까 나를 이해하고 용서하도록 애써 봐. 그리고 우리 계속 친구이기로 해.

『연금술사O Alquimista』(1988), 파울로 코엘료

1. 작품 속에는 2가지 작은 이야기가 끼어있다. 맨 앞 '서'에서 나르키소스와 호수의 이야기, 살렘의 왕이 말해준 현자를 찾아간 젊은이의 기름 두 방울 이야기가 그것이다. 소설은 이 두 이야기를 통해 무얼 말하고 싶은 걸까?

2. 꿈을 찾아가는 다소 교훈적인(?) 내용의 책이지만 그러지 못하며 살고 있는 우리네 현실을 반영하는 대목이라고 생각한다. 당신의 생각은 어떠한가?

» 해당 구절

산티아고는 '자아의 신화'가 무엇을 의미하는지 알 수 없었다.

"그것은 자네가 항상 이루기를 소망해오던 바로 그것일세. 우리들 각자는 젊음의 초입에서 자기 자아의 신화가 무엇인지 알게 되지. 그 시절에는 모든 것이 분명하고 모든 것이 가능해 보여. 그래서 젊은이들은 그 모두를 꿈꾸고 소망하기를 주저하지 않는다네. 하지만 시간이 지남에 따라 알 수 없는 어떤 힘이 그 신화의 실현이 불가능함을 깨닫게 해주지."

3. 독서모임이 연금술 역할을 해 주어서 자아의 신화를 찾는다면 너무 거창하지만, 자기만의 방식으로 뭔가를 얻으려고 토요일 오후 황금 같은 시간을 모임에 내어준다고 생각한다. 지금 어떠한가? 처음 모임에 가입한 마음처럼 원하는 것을 가져가고 있는가? 우리의 방식이 다 같을 수 없지만, 책을 읽겠다는 마음은 같을 거로 생각한다. 독서모임을 통한 나의 변화를 돌아봤을 때 긍정적인가?

» 해당 구절

"사람들은 저마다 자기 방식으로 배우는 거야. 저 사람의 방식과 내 방식이 같을 수는 없어. 하지만 우리는 제각기 자아의 신화를 찾아가는 길이고, 그게 바로 내가 그를 존경하는 이유지."

"바로 이게 연금술의 존재 이유야. 우리 모두 자신의 보물을 찾아 전보다 더 나은 삶을 살아가는 것, 그게 연금술인 거지. 우리가 지금의 우리보다 더 나아지기를 갈구할 때, 우리를 둘러싼 모든 것들도 함께 나아진다는 걸 그들은 우리에게 보여주는 거지."

『새들은 페루에 가서 죽다Les oiseaux vont mourir au Pe'rou』(1968), 로맹 가리

1. 총 16개의 소설이 묶여 있는 소설집이다. 그중 Best & Worst를 고른 이유는?

2. 다양한 지역에서 다양한 인간들에 관한 이야기다. 서로 다른 이야기들 같지만, 전체적으로 관통하는 무언가가 있다고 느껴졌다. 당신의 생각은 어떠한가?

3. 상상의 여지가 많은 소설이다. 인물과 사건에 관한 자기만의 해석을 해 보는 것도 좋을 것 같다.

» 해당 구절

손가락으로 현을 뜯던 그녀는 때때로 잠시 연주를 멈추고 귀를 기울이 곤 했다. 반 시간 후 백작의 방에서 다시 음악이 울려 퍼졌다. 부인은 일 어나 류트를 장롱 속에 도로 넣었다. 그런 다음 돌아와 앉아 책을 집어 들었다. 하지만 눈앞의 글자들이 서로 뒤섞이는 바람에, 그녀는 울지 않 으려 애쓰면서 손에 책을 든 채 똑바로 앉아 있는 것으로 만족해야 했다.

- 「류트」 중

"이 새들이 모두 이렇게 죽어 있는 데에는" 하고 그는 말을 이었다. "이유가 있을 거요."
그들은 떠나갔다. 완전히 사라지기 직전 여자는 모래 언덕 꼭대기에 서 걸음을 멈추고 잠시 주저하다가 뒤를 돌아보았다. 하지만 그는 이제 그곳에 없었다. 그곳에는 아무도 없었다. 카페는 비어 있었다.

- 「새들은 페루에 가서 죽다」 중

目 『자기 앞의 생La vie devant soi (1975), 에밀 아자르

1. 소설의 원제는 『La vie devant soi』로 직역하면 '남아 있는 생, 여생'이 란 뜻을 지니고 있다. 소설의 제목을 어떻게 생각하는가?

» 해당 구절

하밀 할아버지가 노망이 들기 전에 한 말이 맞는 것 같다. 사람은 사랑할 사람 없이는 살 수 없다. 그러나 나는 여러분에게 아무것도 약속할 수 없다. 더 두고 봐야 할 것이다. 나는 로자 아줌마를 사랑했고, 아직도 그녀가 보고 싶다. 하지만 이 집 아이들이 조르니 당분간은 함께 있고 싶다. 나딘 아줌마는 내게 세상을 거꾸로 돌릴 수 있는 방법을 가르쳐주었다. 무척 흥미로운 일이다. 나는 온 마음을 다해 그렇게 되기를 바란다. 라몽 아저씨는 내 우산 아르튀르를 찾으러 내가 있던 곳까지 다녀오기도 했다. 감정을 쏟을 가치가 있다는 이유만으로 아르튀르를 좋아할 사람은 아무도 없을 테고, 그래서 내가 몹시 걱정했기 때문이다. 사랑해야 한다.

2. 로자 아줌마는 모모에게 필요 이상으로 살고 싶지는 않다며 자신을 의
   사들에게 내어주지 말아 달라고 부탁한다. 자신이 모모라면 어떤 선택을
   했을까? 그리고 여전히 논쟁이 되고 있는 안락사에 관한 자신의 의견은?

» 해당 구절

"모모야, 이리 와 봐라."

"왜 그러세요? 또 정신이 나가려는 건 아니죠?"

"아니다. 아니길 바란다. 하지만 계속 그렇게 된다면 사람들은 나
를 병원으로 보내겠지? 병원엔 가고 싶지 않아. 내 나이가 예순일곱
인데……."

"예순아홉이에요."

"그래, 예순여덟이다. 보기엔 난 그렇게 나이 먹진 않았다. 잘 들어라, 모
모야. 나는 병원에 진짜 가고 싶지 않아. 그 사람들은 나를 고문할 거야."

3. 아마도 이 소설을 접한 많은 분이 사랑에 관해 생각해 볼 것 같다. 모모 같은 귀여운(?) 아이가 사람이 사랑 없이 살 수 있냐고 묻는다면 대답은? 생과 사랑이 이어져 있다면, 살아가기 위해 사랑하는 것 VS 사랑하기 위해 살아가는 것. 자신의 생각은?

» 해당 구절

"하밀 할아버지, 사람은 사랑 없이도 살 수 있나요?"

할아버지는 말없이 나를 바라보았다. 아마도 내가 아직 어려서, 이 세상에 내가 알아서는 안 될 것들이 많다고 생각하는 것 같았다. 그때 내 나이가 일고여덟 살쯤이었다.

"하밀 할아버지, 왜 대답을 안 해주세요?"

"넌 아직 어려. 어릴 때는 차라리 모르고 지내는 게 더 나은 일들이 많이 있는 법이란다."

"할아버지, 사람이 사랑 없이 살 수 있어요?"

"그렇단다."

할아버지는 부끄러운 듯 고개를 숙였다.

갑자기 울음이 터져 나왔다.

4. 정신병을 앓았던 모모의 아버지 '유세프 카디르'는 퇴원하여, 11년 전 맡겨둔 아들을 찾기 위해서 로자 아줌마를 찾아온다. 이에 로자 아줌마는 '모모'의 이름을 '모세'로 바꾸어 소개한다. 하지만 유세프 카디르는 유태 아들을 둘 수는 없다고 이야기하며 "원래대로의 내 아들을 돌려주세요. 온전한 회교도인 내 아들을 돌려달라구요!"라고 말한다. 모모 아버지에 대한 생각은?

» 해당 구절

그녀는 한참을 말없이 부채질만 하다가 모세를 돌아보았다.

"모세야, 아빠한테 인사드려라."

"안녕, 아빠."

모세가 말했다. 어차피 자기는 아랍인이 아니니까 겁날 게 없다는 투였다. 순간 유세프 카디르씨의 얼굴이 더욱 창백해졌다.

"뭐라구요? 아니, 제가 잘못 들었겠지요? 지금 모세라고 하셨나요?"

"그래요, 모세라고 했어요. 그게 어째서요?"

남자는 자리에서 일어섰다. 매우 강한 충격에 이끌리듯 벌떡 일어섰다.

"모세는 유태인 이름입니다. 확신하건대, 부인. 모세는 회교도 이름으로는 적절치 않습니다. 물론 그런 이름이 있을 수는 있겠지만, 저희 집안에는 없는 이름입니다. 저는 모하메드를 맡겼습니다. 부인, 모세란 아이를 맡긴 적은 없습니다. 저는 유태 아들을 둘 수는 없습니다. 부인, 제 건강이 그것을 허락지 못합니다."

5. 개성 넘치는 다양한 등장인물이 등장하는 소설이다. 인상 깊었던 인물
   이 있다면?

目『난장이가 쏘아올린 작은 공』(1978), 조세희

1. 첫 작품인 「뫼비우스의 띠」는 전체적인 소설집의 줄거리와 주제를 탈무드에
   나오는 굴뚝 이야기를 통해 표현한 듯한 인상을 준다. 작가는 이 이야기를 등
   장시킴으로써 무엇을 전하고자 했을까?

2. 내가 책을 읽는 이유?

　》 해당 구절

　"도대체 이걸로 뭘 하겠다는 거야?"

　내가 물었다.

　"영호야."

　아버지가 말했다.

　"너도 형처럼 책을 읽어라."

　"뭘 하겠다는 게 아냐."

　형이 말했다.

　"나는 책을 통해 나 자신을 알아보는 거야."

- 『난장이가 쏘아올린 작은 공』 중에서 -

3. 난장이, 공, 뫼비우스의 띠, 클라인씨의 병. 등. 우화적이고 상징적인 이야깃 거리가 많은 소설이라고 생각한다. 개인적으로 이해가 가지 않았던 문단이나 함께 이야기 하고 싶은 글귀가 있다면?

4. 주인공 가족이 이사를 가게 되는 은강시는 인천을 배경으로 하고 있다. 인천을 배경으로 하는 소설들은 주로 어둡고 암울한 현실을 나타낼 때 가 많다. 무엇이 소설 속 인천을 이렇게 만드는 것일까?

ex) 강경애 『인간 문제』, 박경리 『시장과 전장』, 최인훈 『광장』,
오정희 『중국인 거리』, 김중미 『괭이부리말 아이들』

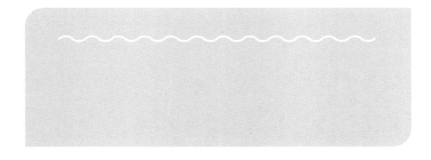

¶ 북 디베이트 / 북 배틀 사례 모음

1. 북 디베이트 사례 – 〈'사랑' 뭐가 중헌디?〉

북 디베이트 주제:

'사랑' 뭐가 중헌디? (가치 논제 토론, 찬반 토론이 아님)

○ 정신 / ● 육체

진실한 사랑을 위해 떠나는
'사랑의 본질'에 관한 가치 토론

○ >> ●

작가 이승우가 『사랑의 생애』에서 말하듯
정신적 차원의 사랑은 존재하며,
인간을 움직이며 변화시킨다.

사랑은 생물학적 진화의 결과이며
사회적으로 만들어진 것일 뿐,
정신적 사랑은 존재하지 않는다.

1. 발제:

발제자는 주제와 관련된 책의 내용을 20~30분간 요약하여 발표합니다.

2. 입장정리 후 토론:

토론자들은 발제를 듣고 자신의 진영을 정합니다. 정신팀 / 육체팀 진영으로
나뉘어 앉은 후 토론을 시작합니다. 토론자들의 발언 시간은 진행자에 의해 제
한을 둘 수 있습니다.

3. 결과발표:

토론 후 토론자들은 자신의 생각을 재평가합니다. 생각에 따라 자리를 바꾸어

앉아 자신의 의견이 변화(또는 강화)된 이유를 설명하며 마무리합니다.

4. 교재:
  ● 『느낌의 진화』, 안토니오 다마지오
  ○ 『사랑의 생애』, 이승우

위의 글은 카페에 올렸던 공지다. 두 분이 발제해주었는데, 발제문을 올리는 것이 도움이 될 것 같다. 주제를 보면 알 수 있겠지만, 찬반 토론을 할 수 있는 내용이 아니다. 어디에 더 가치를 둘 것인가를 토론하는 모임이 될 것이어서 '북 디베이트'라고 이름을 붙였다. '정신팀 대 육체팀'의 양 진영으로 자리를 나누었던 것은 토론의 효율도 있겠지만, 재미를 위한 것이라고 보는 것이 좋겠다. 다음은 토론했을 당시 사용했던 발제문이다.

♯ 발제문 요약 『사랑의 생애』(2017)

— 사랑의 실체

숙주(인간)가 기생체(사랑)를 선택하는 것이 아니라, 기생체가 숙주를 선택하는 것이다.

몸 안에 사랑이 살기 시작한 이상 아무 변화도 생기지 않는 경우는 없다. 사랑은 눈에 보이지 않지만 강력한 힘을 발휘하는 실체다.

– 사랑의 자격

당신이 사랑할 만한 사람인가 아닌가는 사랑의 초기에 반드시 찾아오는 질문이다.

그러나 사랑할 만한 자격을 갖춰서가 아니라 사랑이 당신 속으로 들어올 때 당신은 불가피하게 사랑하는 사람이 된다.

– 영혼의 사랑

멍때릴 때, 사랑하는 사람이 옆에 없어도 눈에 보일 때가 있다. 그 사람은 허락 없이 들어오고 동의 없이 이야기를 펼친다. 그래서 사랑하는 사람의 관련된 꿈을 꾸는 것은 동사(꿈꾸다)를 써서는 안 되고 꿈은 꾸어진다로 바꾸어 말해야 한다.

- 사랑과 도덕

영원불변한 사랑이 고귀하다는 것은 사랑이라는 감정을 인간들이 도덕적인 것과 결합함으로 만든 이미지다. 여러 사람을 사랑하는 것이 더럽고 추한 것으로 기억되는 것은 잘못된 이미지다. 사랑은 다른 사랑으로 변할 수 있다. 그러나 그 사랑은 같은 사람에게 향할 수 있다. 그러기에 노력이 필요하다. 사랑을 이어가기 위해 변해야 하고, 가꾸어야 하는 이유가 그것이다.

- 사랑과 강요

무엇을 요구하는 것은 사랑이 아니다. 요구하지 않는 것이 아니라 요구할 수 없는 것이 사랑이다. 사랑은 권력이 아니고 권력이 될 수 없고 권력이 되어서는 안 된다. 권력을 행사하기 위한 수단으로 사랑을 앞세우는 사람은 지배하기 위해 국민을 사랑한다는 독재자와 다름없다. 사랑은 강요하는 것이 아니고, 강요하지 않는데도 강요받는 것이다. 강요하는 이는 없고 강요받는 이만 있다.

사랑과 과학, 무엇이 더 먼저인가?

도파민이 사랑을 만드는 것이 아니라 사랑이 도파민을 만드는 것이다. 기분이 좋아서 웃는 것이 아니라 웃음이 기분을 좋아지게 하는 것이라고 우길 수는 없다. 호르몬의 능력을 무시할 수는 없겠지만, 원인과 결과를 뒤섞어서는 안 된다.

– 사랑이 뭐예요?

사랑을 하는 사람에게는 사랑이 무엇인지 묻는 것이 한가하고 부질없는 짓이기 쉽다. 사랑을 하는 사람은, 사랑을 겪고 있기 때문에, 사랑이 그의 몸 안에 살고 있기 때문에, 즉 그가 곧 사랑이기 때문에 물을 이유가 없다. 참으로 사랑하지 않은 자가 사랑이 무엇인지 알고자 한다.

발제문 요약 『느낌의 진화』(2019)

· 사랑의 기원은 세포의 역사까지 거슬러 올라간다. 차가운 원시 바다에서 세포는 '살고 싶어' 했기 때문에 자기 몸 안을 살기 좋은 환경으로 만들려고 노력했다. 살기 좋은 환경을 유지하는 것, 이것을 '항상성'이라고 한다.

• 다세포 생물이 되었을 때 생명체는 각 세포와 기관을 조율하기 위해 신경계가 탄생했고, 신경계는 항상성을 유지하기 위해 느낌을 탄생시켰다.

• 불리한 환경에서는 혐오와 불안의 느낌을 쾌적한 환경에서는 안도감과 행복의 느낌이 생겼다. 느낌은 행동의 원천이 되었고, 행동함으로써 생존에 유리한 환경을 만들었다. 살기 좋은 환경을 만들어가는 것, 역시 항상성을 위한 몸부림이다. 예를 들면 포식자를 만난 사람은 공포와 불안을 느끼게 되는데, 이것은 몸의 각 부분에서 올라오는 정보를 통해 형성된다. 심장이 뛰고, 장운동은 저하되며, 근육은 (도망가기 위해) 탱탱해진다. 반면에 음식을 만난 사람은 안도의 느낌이 형성된다. 침샘에서 침이 분비되고 장운동이 활발해진다. 느낌은 몸의 각 부분과의 정보를 공유함으로써 형성된다.

• 유전자를 퍼뜨리는 전략은 박테리아로부터 시작되었고, 유성생식을 하는 생명체에 이르러 사랑이라는 감정이 생겼다. 사랑은 생식을 가능하게 하고, 유전자를 퍼뜨리는 것이 가능하게 한다.

• 사랑은 이성적 현상이 아닌 이유는 『사랑의 생애』에서 말하듯 사랑 자체가 실체가 있어서가 아니다. 사랑을 포함한 정서들이 몸 내부의 모든 세포에서 올라오는 정보를 통해 형성되기 때문이다. 잘 알려진 바와 같이 도파민이 핵심 화학물질이다. 사랑의 실체가 있다면 몸의 내부에서 형성된 화학반응이라고 보는 게 타당하다.

2. 북 배틀 사례 - 〈 능력주의는 공정한가? 〉

♯ 주제 〈 능력주의는 공정한가? 〉

능력주의라는 주제로 북 배틀을 준비하면서 가장 어려웠던 것은 책 선정이었다. 능력주의를 비판하는 관련 서적은 많았지만, 일관되게 능력주의를 옹호하는 책은 찾을 수 없었다. 그래서 우리는 다수의 책을 선정한 후 책의 내용 속에서 찬성하는 논리와 반대하는 논리를 뽑아내어서 대립하는 주장을 발제하기로 했다. 또한, 이 주제는 정치, 사회적으로 민감한 주제이기 때문에 진행자는 토론 과정에서 감정싸움이 벌어지지 않도록 각별히 신경을 써야 했다.

세 개의 세부 주제를 정했고, 세부 주제마다 발제 시간은 5분으로 제한하였다. 참석자들은 각 세부 주제의 발제 후에 자신의 의견을 개진할 수 있도록 하였는데, 반드시 손을 들어 진행자의 지정을 받도록 하였으며, 이때 주어지는 발언 시간은 1분으로 제한하였다. 참석자들에게는 관련 참고도서를 미리 공지하였으며, 발제자들이 미리 작성한 발제 요약본도 카페에 미리 게시하여 참석자들의 이해를 도왔다. 효율적 토론과 생산적인 이해를 돕기 위해 우리는 세 가지의 세부 주제를 정하여 북 배틀을 진행했다.

★ 참고 도서

『공정하다는 착각』(2020), 마이클 샌델

『날개가 없다 그래서 뛰는 거다』(2012), 김도윤

『한국 사회에서 공정이란 무엇인가』(2022), 김범수

『한국의 능력주의』(2021), 박권일

- **세부주제**

1) 능력주의는 공정한가?

찬성 – 능력주의는 공정하다.

반대 – 능력주의는 공정하지 않다.

2) 능력주의는 대체 가능한가?

찬성 – 시스템적으로 보완된 완벽한 능력주의가 필요하다.

반대 – 전통적인 능력주의 시대는 끝났다. 복지국가 자유주의로 가야 한다.

3) 소수자 우대정책은 공정한가?

찬성 – 여성할당제, 장애인, 성 소수자 관련 정책
등은 노력 없이 얻은 결과물이므로 공정하지 않다.

반대 – 구조적으로 경쟁에서 소외되는 사람이 존재한다. 그 때
문에 소수자 우대정책은 과정은 불공평해도 결과는 정의롭다.

주제별 진행 과정은 다음과 같다.

- 주제별 진행 과정

1) 착석: 참석자들은 능력주의에 대한 자신의 견해에 따라 정해진 진영의 좌석에 앉는다.

2) 발제: 발제자는 능력주의에 관한 하부 주제 3가지에 대한 찬/반 주장을 펼친다.

   주제별 발제는 5분으로 제한한다.

3) 토론: 주제별 발표 후 참석자들의 질의 및 토론을 진행한다.

4) 총평 및 결과 토론:

   토론 후 토론자들은 자기 생각을 재평가한다. 생각에 따라 자리를 바꾸어 앉아

   자신의 의견이 변화(또는 강화)된 이유를 설명하며 마무리한다.

- 북 배틀 능력주의 발제 요약문

* 찬/반 주장

찬성 – 능력주의는 공정하다.

반대 – 능력주의는 공정하지 않다.

찬성 1_능력주의는 완벽하지는 않지만, 상대적으로 공정하다

- 능력주의 사회는 세습/신분제 사회, 인종주의 사회보다 상대적으로 더 공정하다. 오늘날 현존하는 세습국가나 신분제 사회를 보면 그 사회의 비효율성을 쉽게 알 수 있다.
- 어느 시대건, 불평등은 존재했다. 빈부 격차와 같은 불평등의 문제는 인간의 본성에서 기인했다고 봐야지 능력주의 사회의 문제라고 볼 수 없다.
- 학벌주의와 같은 일부 폐단이 있더라도 능력주의는 유능한 인재를 길러내는 좋은 방법이다. 능력 있는 사람이 리더가 되고 부와 권력을 가지는 것이 사회를 위해서도 긍정적이다. 시험은 개인의 노력과 능력을 비교판단 하는 유용한 방법이며, 사실, 다른 대안이 없다.

반대 1_완벽한 능력주의도 공정하지 않다.

- 능력주의는 세습, 신분제, 학벌주의, 엘리트주의의 또 다른 이름이다. 능력주의의 지배계급이 하위계급들이 체제 자체를 전복하는 것을 막기 위하여 던진 달콤한 사탕과도 같다. 노력하면 누구나 위로 이동할 수 있다는 '아메리칸드림'이 그런 것이다.
- 우리는 어떤 사람을 능력이 있다고 이야기하는가? 전통적인 의

미의 능력은 지능과 노력이다. 그리고 우리 사회는 그런 사람이 성공할 수 있는 시스템을 만들어왔다. 그럼 과연 지능과 노력은 순수하게 자기 능력이라고 할 수 있는가? 자신에 어떤 유전자를 물려받았으며, 노력할 수 있는 '환경'에서 살고 있느냐는 노력보다는 우연의 산물이다.

- 완벽하게 능력주의를 이룩했다고 하더라도 문제가 있다. 바로 불평등의 문제이다. 인간의 본성이 사회적 정의(p.199)에서 어긋난다면 우리는 그 본성을 통제할 책임이 있다. 능력주의는 결국 경쟁심에서 기반을 둔다. 경쟁심 없이 능력 있는 사람이 몇 명이나 있을까.

찬성 2_능력주의는 더 경쟁력 있는 사회를 만든다.

- '생존경쟁(struggle for existence)은 피할 수 없다'라는 현실을 받아들여야 한다. 특히 국가 간 대립이 존재하는 외교는 '힘'이 곧 질서이고 정의이다.
- 한국 사회는 식민지 지배와 전쟁을 겪으면서 교육이 개인에게 신분 상승의 길이며, 국력 증진의 길이라는 것을 뼈저리게 체득했다. 한국 사회에서 능력주의는 국가 경쟁력을 상승시키는 원동력이었다.

반대 2_우리 사회는 계속해서 경제적으로 발전해야 하는가?

- 경쟁이라는 것은 인간의 본성을 역행한다. 유발 하라리(Yuval Harari)는 자신의 저서 『사피엔스』(2014)에서 이렇게 이야기하고 있다. "인간은 대규모 협력이 가능했기 때문에 살아남았다. 우리가 포식자들을 피해 살아남고 지구를 정복할 수 있었던 이유 중 가장 큰 이유는 협력이다."

- 우리가 국가 경쟁력을 키우기 위하여 걸어온 길은 어떠한가. 빠른 성장을 위해 공장을 짓고 자연을 무분별하게 파괴해왔다. 그리고 현재는 그 결과를 극심한 기후변화로 되돌려 받았다. 또 다른 개발도상국에 그 전철을 밟게 하고 우리는 결국 살아갈 터전을 잃게 될 것이다. 우리는 자연을 파괴했고, 능력주의에 따른 경쟁으로 스스로를 파괴했다.

- 인재 선별기로서의 대학, 그리고 그 진학을 가능하게 하는 시험이 개인의 능력과 노력을 비교판단 하는 유용한 방법에는 어느 정도 동의한다. 하지만 그 운용 방법이 잘못되었다. 우리는 시험을 통하여 자신이 하고자 하는 일의 자격조차 얻지 못한다. 대표적으로 의대 진학이 그렇다. 의사가 꿈이라면 평생 공부를 해서라도 의술에 필요한 공부를 하여 능력을 갖출 수 있다. 하지만 우리 사회는 어떠한가, 이미 수능점수로, 내신으로 구분 지어 그 기회조차 박탈한다.

찬성 3_과정이 공정하다면 능력에 따라 보상이 차별화되는 것은 정의로운 것이다. '정의의 자격 이론' (로버트 노직(Robert Nozick))

- 과정이 정당하게 이루어졌다면 소유물 최종 배분 결과가 사회 전체의 공리 증진에 기여하지 못하더라도 공정하고 정의로운 것이다.
- 타인의 물건을 훔치거나, 사취하거나, 또는 노예화하고 생산물을 수탈하는 등의 부정이 발생한다면, 부정을 바로잡기 위한 교정목적의 재분배만이 정당화될 수 있다.

반대 3_차별화된 보상은 정말 정의로운가?

- 사실 비슷한 환경에서 자란 사람들, 노동자들이 받는 보상은 크게 다르지 않다. 그리고 우리가 납득할 수밖에 없이 능력이 뛰어난 사람들에 대한 더 많은 보상도 우리는 수긍할 수 있다. 하지만 문제는 자본가들이 별 노력 없이 혹은 비슷한 노력으로 얻어 낸 생산물에 대한 극심한 차등 분배로 큰 이익을 얻고 있다는 것이다. 권력을 가진 사람들은 보상을 차별화시키고 자신들의 이익을 극대화시키고 있다.

찬성 4_국가가 개인의 소득 혹은 개인의 노력을 통해 얻은 성과물에 개입해서는 안 된다.

- 개인은 누구도 침범할 수 없는 절대적 권리를 가지고 있다. 인간은 신성불가침한 존재이며 '목적'으로 대해야 하지 '수단'으로 삼아서는 안 된다. (칸트의 정언명령)
- 존재하는 것은 각자의 삶을 영위하는 개인이다. 개인을 희생할 만한 사회적 실체는 존재하지 않는다.
- 따라서 공정한 과정을 거쳐 형성된 빈부 격차는 어쩔 수 없는 것이며, 국가가 개입할 수 없다.
- 미국의 자유주의 사회철학가인 로버트 노직은, 고소득자에게 세금을 징수하여 최소 수혜자에게 재분배하는 것을 '강제 노역'에 비유한 바가 있다.

"개인에게 n 시간 분의 소득을 취하는 것은 그 사람에게 n 시간을 빼앗는 것과 같다. 이는 n 시간만큼의 노동을 강제하는 것과 같다. 강제 노역에 반대한다면 히피 실업자들로 하역은 곤궁한 사람들의 이익을 위해 일하도록 강제하는 것에 반대할 것이다. 이들은 또 각 개인에게 곤궁한 사람들을 위해 매주 다섯 시간씩 추가로 일하도록 강제하는 것에도 반대할 것이다."

반대 나_우리는 결국 자유주의와 복지국가가 적절히 섞인 사회로 나아가야 한다.

- 능력이라는 것은 나이에 상관없이, 시대에 상관없이 공정하고 정확한 기준으로 판별되어 진다고 할 수 있는가? 전혀 그렇지 않다. 내가 지금 가진 능력이 10년 뒤, 20년 뒤에도 동일하거나 그 이상일 것인가? 아무도 장담할 수 없다. 이러한 경쟁사회에서 우리는 오히려 극심한 스트레스를 받고 스스로 목숨을 끊는 경우가 늘어나고 있다.

- 만약 나는 그래도 능력 있으리라 생각한다면 AI와 로봇이 보편화된 사회에서 나는 얼마나 경쟁력 있는 사람일 것인가? 나의 노동력의 가치와 경험은 그대로 인정받을 수 있을까? 부는 소수의 사람에게 이미 집중되었고 앞으로의 미래는 더욱 그렇게 될 것이다. 하지만 그들의 부는 정말 순수하게 그들만의 능력인가? 그들은 이 세상에 홀로 남았더라도 그렇게 부를 축적할 수 있었을까? 누군가 힘들게 재배한 곡식을 먹고, 교육받고, 청소 노동자들로 인해 깨끗한 환경을 얻는 등 이런 사회적인 도움들이 없었다면 그들은 현재의 자리에 있을 수 있을까? 그렇지 않다. 우리는 서로 연결되어 있고, 내가 할 수 없는 것들은 타인을 통해 제공받고 있다. 그렇게 얻은 집중으로 현재의 내가 만들어진 것이다. 그 사실을 잊지 말아야 한다.

¶ 영화읽기 사례 모음

1. 소설집 『반딧불이』 중 「헛간을 태우다」 & 영화 〈버닝〉

원작은 하루키의 「헛간을 태우다」입니다. 준비하는 중에 『Barn Burning』(1939)이라는 포크너의 동명 소설이 있다는 것을 알게 되었습니다. 이창동 감독은 포크너 소설과도 연관되어있다고 말합니다. 하루키 자신은 자신보다 100년 앞서 쓰인 동명의 소설과의 연관성을 부정하고 있긴 하지만 아무래도 영향을 받긴 한 것 같습니다. 우리나라에서는 「헛간 방화」 혹은 「헛간 타오르다」라는 제목으로 번역되어 있습니다.

간단히 작품소개를 하자면, 포크너의 소설은 삶의 고통과 그것에 대한 분노를 억제하지 못하는 남자, 그리고 그런 아버지를 대신해서 죄의식을 느끼는 한 아이의 이야기가 그려졌지만, 하루키는 같은 제목으로 장난처럼 헛간을 태우는 남자에 대해 알쏭달쏭한 이야기를 들려줍니다.

영화 〈버닝〉(2018)은 전반적으로 하루키의 작품을 따릅니다. 기본적인 대사, 상황, 장면 등이 흡사합니다. 하지만 30페이지 내외의 짧은 소설이기에 영화는 소설에는 나오지 않는 에피소드들이 추가됩니다. 그리고 포크너의 영향인지 모르겠지만, 완전히 다른 결말로 끝나게 됩니다.

솔직히 영화 자체는 대중적으로 '재미있다'라고 볼 수 있는 영화는 아닙니다. 하지만 함께 영화를 보고 나서 대화를 하는 것이 더 즐거울 수 있는 작품이라고 생각합니다. 영화는 한 편에 잘 짜인 소설을 보는 듯한데, 대사 하나하나, 미장센 하나하나의 메타포를 신경 쓴다면 끝도 없는 토론이 이어질 듯합니다.

"여기에 귤이 있다고 생각하지 말고, 여기에 귤이 없다는 걸 잊어먹으면 돼. 그뿐이야. 중요한 건 진짜 먹고 싶다고 생각하는 거야. 그럼 진짜 침이 나오고, 진짜 맛있어."

영화 초반에 여주인공 해미가 팬터마임을 하면서 말합니다. 그리고 이 대사는 영화 전반에 영향을 미칩니다.

'존재한다는 믿음보다 존재하지 않는다는 것을 잊어버리는 믿음이 더 중요하다.'

남자 주인공 종수(유아인)는 해미가 사라져버렸다는 것을 잊어버리지 못하고 잘못한 판단으로 잘못된 선택을 합니다. 소설에서도 같은 대사가 나오지만, 소설의 주인공과는 달리 종수는 행함으로써 다른 결말을 이룹니다. 아 '잘못되었다'고 말하는 것은 잘못된 것 같습니다. 그건 그러니까… 그럴 수도 있고 아닐 수도 있다는 겁니다. 뭐지? 뭘까? 하는 의문이 영화 전체에 끼얹어 있습니다.

정답이 없는 영화입니다만 답이 없다고 말하긴 어렵습니다. '답이 많다'라고 말해야 좋을 것 같습니다. 객관식으로 십지선다를 주고 답을 찾으라고 한다면 10개 모두 답이 될 수 있는 영화입니다. 토론했던 회원분들의 의견은 제각각이었고, 모두 답이었습니다. 물론, 과한 의미 부여라는 생각도 들곤 했습니다. 실제로 이 영화를 갖고 정치문제(색깔론)라든지 사회적 이슈(페미니즘)를 거론하기까지 하는 것을 보면 어쩌면 우리는 종수처럼 없다는 것을 잊어버리지 못하고 있는 것 같기도 합니다.

흥미롭게 본 장면이 있습니다. 극 중 종수는 알 수 없이 돈이 많은 수수께끼의 인물 벤(스티브 연)을 보고 '개츠비 같다'라고 표현합니다.

그리고 덧붙이죠.

"한국에는 개츠비가 너무 많아."

후에 비닐하우스를 태운다는 고백을 한 벤 역시 한마디 붙입니다.

"한국에는 비닐하우스가 너무 많아."

단지 비슷한 대사였을 뿐이었을지도 모르겠습니다. 그렇지만 비닐하우스가 뜻하는 것은 무엇이었을까? 그리고 정말 개츠비 같은 인물은 누구였을까? 우리나라에 너무 많다는 개츠비와 비닐하우스는 같은 무엇이었을까?

그 외에도 리틀 헝거와 그레이트 헝거 이야기, 우물 이야기, 신과 제물 이야기 그리고 고양이 등등. 충분히 생각하고 대화할 거리가 많은 영화라고 생각합니다.

우리나라 사람들이 좋아하는 일본 작가로 무라카미 하루키를 많이들 꼽는데 하루키 소설을 하나라도 읽은 분들에게 꼭 나오는 이야기가 있습니다. '몽환적이다'. 그의 소설을 좋아하시는 분들은 이 영화에 흐르는 공기에서 하루키를 느끼실 수 있을 겁니다.

2. 소설집 『당신 인생의 이야기』 중. 「네 인생의 이야기」 & 영화 〈컨텍트〉

영화를 본 사람들의 반응이 제각각이었습니다.

외계인이 나오는 SF영화, 시간 혹은 언어에 대한 영화, 소통에 관한 영화. 도무지 뭔 소린지 모르겠다고 하시는 분도 있었습니다. 맞습니다. 자기가 느낀 것이 답입니다.

제가 느낀 몇 가지만 추려 보겠습니다. 다량의 스포일러가 있으니 영화나 소설을 볼 계획이 있으신 분들은 더 이상 읽으면 안 됩니다.

● 순환

- 외계인(헵타포드)의 처음과 끝이 없는 원형의 문자. 소설에서는 원형이라는 말은 없지만 어떤 식으로 회전시켜도 읽을 수 있다는 설명이 나옵니다.

- 딸 이름 'Hannah'. 앞으로 읽든 뒤로 읽든 똑같은 이름.

- 시작과 끝이 같은 영화의 형식. 소설도 처음과 끝이 같습니다.

● 언어

- 헬기에서 남녀 주인공이 처음으로 만납니다. 남자는 주인공의 책의 서문을 소리 내어 읽습니다 .

  "언어는 문명의 초석이자 사람을 묶어주는 끈이며 모든 분쟁의 첫 무기다."(사람들을 연결해 주거나 충돌하게 만드는 언어의 기능을 뜻하는 것 같습니다)

- 소설과 영화에서 '캥거루'의 어원을 이야기합니다. 저 동물은 뭐냐고 묻는 말에 원주민이 '캥거루'라고 했답니다. 사실 그 뜻은 '뭐라는 거야?'랍니다. 결국 '뭐라는 거야'의 '캥거루'가 동물의 이름이 되어버렸다고 주인공은 말합니다. 사실은 아니지만, 자신의 주장을 내세우려던 예시입니다. 헵타포드어도 이렇게 될 수 있으니 차근차근해야 한다고 말하고 싶은 겁니다.

  통설은 원주민이 현재의 캥거루를 '강구루'로 불렀으며, 여기서 어원이 시작됐다고 합니다.

  소설에서는 주인공의 애인을 딸이 평가하는 에피소드가 나옵니다. 날씨에 빗대서 얘기하지만, 사실은 딸이 영화 속 주인공처럼 사실이 아닌 것으로 자신의 논점을 대변합니다.

- 사용하는 언어가 사고방식을 결정한다는 사피어-워프 이론이 영화와 소설의 기본 전제로 보입니다. 사용하는 언어가 생각을 확장시키기도 제한하게도 한다는 이론입니다. 예를 들면 이누이트들의 50여 가지 눈에 관련한 단어를 알게 되면 우리도 그들처럼 눈을 다양하게 해석할 수 있을 겁니다. 현재 우리 언어의 눈에 대한 제한은 그들

의 언어를 알고 난 후면 확장된다는 이론입니다.

• 영화에서 외계인과의 대화는 어두운 동굴을 지나서 들어간 깜깜한 공간에서 이루어집니다. 한쪽 벽을 가득 채우는 하얀 프레임에 헵타포드가 나타나서 글씨를 보여주고 말소리를 들려줍니다. 그것을 배움으로써 주인공은 과거와 미래를 넘나들며 새로운 시간 법칙을 경험합니다.

• 우리가 극장에 가서 영화를 보는 것과 비슷하다는 생각을 해 봅니다. 두 시간여의 경험에 의해서 우리는 주인공처럼 세상을 바라보는 새로운 눈을 뜨게 될지도 모릅니다. 영화감독 드니 빌 뢰브는 어쩌면 관객에게 보고 있는 영화 자체를 헵타포드어로 이해시키려고 했던 것 같습니다.
영화나 소설이나 시작하자마자 딸이 죽습니다. 그리고 주인공은 일상을 이어갑니다. (병원의 둥근 복도를 걷다가 현재의 계단으로 장면전환) 딸이 죽었음에도 일과를 이어가야 하는 슬픈 일상. 저희 조의 어떤 분은 그 장면이 인상 깊다, 하셨습니다. 어쩌면 감독의 의도에 가장 걸맞은 관객일지도 모르겠습니다. 우리는 주인공의 미래를 보고 아직 아무 일도 일어나지 않은 현재를 판단한 것입니다.

● 소통

하나의 단어 혹은 문장이 다른 뜻으로 쓰인 예가 몇 가지 나옵니다.

- 영화 초반에 산스크리스트어로 전쟁(가비스티)을 다른 대학의 교수는 '다툼'으로 해석하고 주인공은 '더 많은 암소를 원한다'라고 답합니다. 결국, 그녀가 선택됩니다.

- 소설에서는 honor와 토끼를 먹을 준비를 하는지 토끼가 먹을 준비를 하는지. 그런 내용이 나옵니다. ('아버지 가방~~' 그거랑 비슷합니다)

- 영화는 '도구를 주다'의 해석으로 절정을 맞습니다. 도구가 무기인지 선물인지 자기한테 유리한 쪽으로 해석을 하는 바람에 세상은 혼란을 맞죠. 외계인이 보여준 마지막 메시지 1/12도 그렇습니다. 그것이 분열인지 화합인지 혹은 시간인지.

저는 영화나 소설이나 처음에 많은 것이 들어있다고 생각합니다. 영화의 첫 장면에서 주인공의 내레이션이 흘러나옵니다.

'(우리는) 시간에 매여 있어. 그 순서에…'

영화에서 보이는 여러 가지 주제 중 하나일 것입니다. 좀 더 들여다보면 시간은 이미 모두 존재하고 우리는 특정한 곳에 떨어진 존재라는 것입니다. 영화 〈인터스텔라〉의 주인공은 5차원 공간에 갇혀서 시간 속에서 헤맵니다. 그리고 과거의 딸에게 책꽂이에 책들을 떨어뜨림으로 메시지를 전합니다. 같은 맥락으로 봐도 좋을 듯합니다.

쓰다 보니 길어졌지만, 아직 더 많은 이야깃거리가 숨어 있는 영화와 소설입니다.

영화를 보고 나서 '뭔 소리야' 하셨던 분들은 책을 추천해 드립니다. 그러면 영화의 친절함을 알 수 있을 겁니다. 아무래도 영화는 원작 소설보다 극적인 이야기를 많이 넣었습니다. 일단 지금껏 보지 못한 외계인의 우주선 모양이 압권입니다. 헵타포드가 지구에 온 이유도 밝혀주고, 중국의 샹 장군을 통해 긴박함도 놓치지 않았습니다. 하지만 책을 보며 상상했던 헵타포드의 모습이나 그들의 문자가 기대와 달라서 실망하실 수도 있습니다. 그런 식으로 많은 영화가 원작 소설보다는 못하다는 평가를 받기도 합니다.

소설도 재미있었습니다. 중간중간에 끼어드는 딸과의 에피소드는 아버지가 된 남자 주인공이나 헵타포드를 생각나게 합니다. 예를 들면, 어린 딸은 책 내용을 알면서도 읽어 달라고 하고, 헵타포드는 무슨 말이 나올지 미리 알고 대화한다고 합니다. 진실이 되기 위해서는 대화라는 과정이 필요하다며.

글이 두서없이 길어진다는 것은 상당한 단점입니다. 처음으로 후기를 써서 그런지, 영화를 재밌게 봐서 그런지 마구 떠오릅니다. 이만 줄입니다.

¶ 『위대한 개츠비』 퀴즈 문제

1. 다음 중 개츠비에 관한 소문 중 틀린 것은?

① 사람을 죽인 적이 있다.

② 독일 스파이였다.

③ 폰 힌덴부르크(독일군인)의 조카이다.

④ 열일곱에 달건이 생활을 시작했다.

⑤ 밀주업자다.

2. 개츠비가 주변인(주로 닉)을 부를 때 책에 따라 친구나 형씨라고 번역이 되어 있다. 이 말투는 후에 톰 뷰캐넌에게 조롱을 받는데 실제 원문에서 쓰인 영어 단어는 무엇일까?

① friend ② odd spo ③ odd spot ④ old sport ⑤ old friend

3. 『위대한 개츠비』는 1922년 봄에서 가을까지가 주된 시간적 배경을 이루고 있다. 닉은 생일을 맞기도 하는데 개츠비를 회상하고 있는 현재 닉은 몇 살일까?

① 30 ② 31 ③ 32 ④ 33 ⑤ 34

4. 개츠비의 본명은?

① 헨리 개츠 ② 제인 개츠 ③ 제인 갯 ④ 제임스 개츠 ⑤ 헨리 갯

5. 데이지와 개츠비는 1917년 헤어지게 된 후 1922년 다시 재회한다. 1917년에 그들이 사랑했던 기간은 얼마 동안일까?

① 하루　② 일주일　③ 한 달　④ 한 계절　⑤ 6개월

6. 개츠비가 죽은 후 그의 아버지는 어린 개츠비의 계획표를 닉에게 보여준다. 어린 개츠비의 계획표에서 기상 시간은 몇 시일까?

① 5시 15분　② 6시　③ 6시 15분　④ 7시　⑤ 7시 15분

7. 미국의 문학은 마크 트웨인에서 시작해서 '현대 미국 문학의 삼총사'라고 불리는 윌리엄 포크너, 어니스트 헤밍웨이, 스콧 피츠제럴드로 이어진다고들 한다. 동시대에 활약한 셋 중 가장 형은 누구일까?

① 윌리엄 포크너　② 어니스트 헤밍웨이　③ 스콧 피츠제럴드
④ 헤밍웨이와 포크너가 동갑　⑤ 포크너와 피츠제럴드가 동갑

8. 닉은 개츠비의 저택에 다녀간 사람들의 이름을 기록해 둔 적이 있다.
   어느 곳에다 적어두었을까?

   ① 달력 뒷면   ② 잡지 귀퉁이   ③ 기차시간표의 빈자리
   ④ 읽던 책의 속지   ⑤ 대차대조표

9. 개츠비의 파티에는 수많은 사람이 다녀갔지만, 그의 장례식에는 세
   명만 참석하게 된다. (목사, 하인 등 제외) 닉과 개츠비의 아버지. 그
   리고 누구일까?

   ① 클립스프링어   ② T. J. 에클버그   ③ 마이클리스   ④ 댄 코디
   ⑤ 올빼미 안경

10. 마지막 장에서 톰 뷰캐넌은 닉과의 재회 이후 보석상으로 들어가
    는데 닉은 그가 사려는 물건을 추측한다. 무엇일까? (답 두 개)

    ① 진주목걸이   ② 크리스털 재떨이   ③ 보석 박힌 개목걸이
    ④ 장식시계   ⑤ 커프스단추

11. 모두가 톰의 집에 모였을 때 데이지는 개츠비에게 '당신 정말 멋져 보여요'라고 말한다.(번역마다 다름) 톰은 이 말을 듣고 데이지가 개츠비를 사랑한다는 걸 눈치채는데 원문은 무엇일까?

① You're always so hot.
② You're always so cool.
③ You're always so beautiful.
④ You're always so gorgeous.
⑤ You're always so handsome.

12. "일 년 중 낮이 가장 긴 날을 줄곧 기다리다가 막상 그날이 오면 깜빡 잊고 그냥 지나쳐 버리지 않나요? 나는 일 년 중 낮이 제일 긴 날을 기다리다가 그만 잊어버리고 말아요."

첫 번째 장에서 데이지의 대사다. 데이지의 성격과 사랑에 관한 생각을 나타내는 복선이 되기도 하는데 일 년 중 낮이 제일 긴 날을 뜻하는 한자어는?

① 동지 ② 하지 ③ 추분 ④ 경칩 ⑤ 소설

13. 『위대한 개츠비』는 피츠제럴드가 좋아하지 않은 제목이라고 한다 (실제론 '그저 그런 제목'이라고 말했다). 다음 중 『위대한 개츠비』 대신 염두에 둔 제목이 <u>아닌</u> 것은?

① 쓰레기 더미와 백만장자들
② 웨스트에그로 가는 길
③ 황금 모자를 쓴 개츠비
④ 높이 뛰어오르는 연인
⑤ 개츠비의 초록빛

14. 『위대한 개츠비』는 온갖 색깔이 등장하는 소설이다. 울새 알과 같은 푸른색 제복이라든지 색동옷처럼 꾸민 샐러드, 장미와 라벤더색 비단, 산호색, 청사과색, 희미한 오렌지색의 셔츠 등. 마지막으로 모였을 때 등장인물이나 사물들의 색깔이 바르게 짝지어지지 않은 것은?

① 데이지와 조던의 옷 - 흰색
② 개츠비의 차 - 노란색
③ 데이지의 머리색깔 - 노란색(금색)
④ 개츠비의 옷 - 분홍색
⑤ 톰 뷰캐넌의 저택에서 마신 맥주 - 갈색

15. 다음 중 어린 개츠비의 결심에 속하지 않는 것은?

① 금연 ② 목욕 ③ 독서 ④ 저축 ⑤ 유창한 언변

16. 소설을 뜯어보면 수많은 암시와 복선, 상징으로 채워져 있다. 예를 들면, 닉 캐러웨이(Nick Carraway)는 개츠비에게 마음을 사로잡히는(carried away) 것처럼. 머틀과 데이지는 꽃 이름이다. 조던 베이커는 조던과 베이커라는 자동차 회사를 합친 것이다. 등장인물의 이름들이 줄거리를 관통하고 있다. Gatsby의 gat은 1920년대 미국에서 사용된 속어라고 한다. 무엇일까?

① 갱 ② 신 ③ 술 ④ 권총 ⑤ 사기

♯ 퀴즈 정답

1. ④,　　2. ④,　　3. ③,　　4. ④,　　5. ③,

6. ②,　　7. ③,　　8. ③,　　9. ⑤,　　10. ①/⑤,

11. ②,　　12. ②,　　13. ⑤,　　14. ⑤,

15. ⑤,　　16. ④

맺음말

아마도 지금 이 페이지를 들여다보는 당신은 독서 혹은 독서모임에 관심이 있어서 일 것이다. 그러나 관심이 없던 사람이라도 여기까지 이 책의 내용을 읽었다면 조금의 흥미가 일었을 거로 생각한다. 그러면 책 한 권을 들고 당장 근처의 독서모임을 찾아보는 것도 도움이 될 것이다.

지난 2017년 여름 모임을 시작한 이래 우리는 모임 안에서 많은 책을 읽었고, 많은 사람을 만났다. 우리 모임 안에서 두 커플이 결혼했고, 다수의 남녀가 연인이 되었고(커플이 되는 순간 모임을 떠나는 사례가 많아 그 수는 알 수 없다) 세 명의 저자가 나왔다. 그 밖에도 많은 사람이 독서모임을 통해 긍정적인 효과를 보았다고 고백해왔다. 자신이 누구인지 알게 되었다고 말하기도 하고 모임 안에서 스트레스를 해소했으며, 위로받았다고 고백하기도 했다. 한편으로는 책에 몰입할 줄 알게 되었으며, 관심이 없던 분야를 알게 되었고, 세상을 바라보는 시야가 넓어지는 지적으로 확장되는 경험을 했다고 말하기도 했다.

독서모임을 홍보하는 긍정적인 사례들은 너무나 많다. 그래서인지 많은 독서모임이 탄생했다. 하지만 얼마 못 가 사그라졌다. 왜 그럴까? 왜 어렵지 않을 거란 생각에 시작한 독서모임이 시작만 거창하고 결말은 흐지부지해지는 소설처럼 되어버리는 걸까?

우선 시작하는 사람의 마음가짐을 먼저 지적하고 싶다. 독서모임의 목적이 너무 거창한 것도 원인 중의 하나가 아닐까. 책을 어떤 목표와 연계시키지 말았으면 한다. 독서모임을 통해 작가가 됐다는, 독서모임으로 결혼했다는 둥, 부수적으로 따라오는 성공은 지극히 일부의 사람들의 몫이다. 일단 독서 자체를 목적으로 하자. 낚시가 좋아서 동호회에 가입하듯, 사진을 찍는 것을 배우려 소모임에 가입하듯 독서도 다를 것 없다. 우리의 취미는 책을 읽는 것이고 책을 읽기 위해 모임에 나오는 것이다. 책 한 권만 있으면 독서를 할 수 있고 사람들이 더해지면 모임이 된다. 독서모임은 가장 흔한 취미 모임 중의 하나이며, 시간을 긍정적으로 보낼 수 있는 바람직한 습관 중 하나다. 독서모임을 홍보하는 긍정적인 사례에 주목하다 보면 정작 가장 중요한 것을 놓칠 수 있음을 지적하고 싶다. 책과 함께 오래 있기 위해 모임에 나오는 것이다.

독서모임이 오래가지 못하는 두 번째 이유는 외부에 있다. 가장 크게는 유튜브를 비롯한 동영상 서비스가 우리의 일상에 깊이 침투해 있다. 시간적 여유가 생기면 생각 없이 동영상을 보고, 심지어 책을 읽는 것조차 북튜버를 통해 듣고자 한다. 동영상 때문에 책을 못 읽는다는 것은 핑계지만, 많은 사람이 똑같은 핑계를 대고 있는 것이 현실이다. 그런데도 책을 놓지 말아야 하는 이유는 머리말에 썼으므로 여기서는 생략하겠다.

이 책의 내용은 다년간 쌓아온 우리의 기록이며 발자취다. 개인적이거나, 공동체를 위한 목적이 있었던 게 아니다. 처음부터 우리가 원대한 포부를 갖고 모임을 시작했다면 결코 이와 같은 책이 나오지는 못했을 것이다. 그저 자기가 읽은 책을 가지고 소소히 대화를 시작하는 형식으로 시작된 모임이었고, 가능한 한 모임이 없어지지 않게 하려 노력했다. 어떻게 하면 더 재미있게 책을 읽을 수 있을까를 고민했다. 거기서 길이 생겼고 나무가 자라고 꽃이 피었다. 누군가 이렇게도 한 번 해보자고 제안하여 길이 닦였고, 다른 곳에 씨앗을 뿌려보자고 제안해서 나무가 자라고 꽃이 피었다. 돌아보면 이 책은 독서모임의 비결 또는 성공법이라기보다는 독서모임의 '생존기'라고 해야 더 타당하다.

아무리 책이 다양하다 해도 사람만큼 다양할 수는 없다. 이 책의 내용은 책이 한 것이 아니라 책을 통한 사람이 만들어 온 것이다. 앞으로 '독서모임'의 미래는 누구도 알 수 없다. 하지만 지금까지 그래 왔던 것처럼 문턱 없는 모임으로 꾸준히 자리를 지킨다면 언젠가는 누구나 한 번쯤 다녀갈 만한 멋진 정원이 되어 있지는 않을까. 그 자리에서 당신을 만난다면 이렇게 물어야겠다.

"혹시 어떤 책 읽으셨나요?"